U0932137

广播电视编导专业（电视编辑方向）“十二五”规划教材

电视写作

徐舫州 李智 著

中国传媒大学出版社
·北京·

目 录

第一章 电视语言的合理运用 /1
一、电视语言的结构特点 /2
二、电视语言的综合优势 /7
三、语言环境的影响与营造 /10

第二章 电视写作的语言特点 /18
一、类概念与感性实体 /19
二、语言符号的物质形态与概念意义 /26

第三章 电视写作的功能与作用 /32
一、电视写作的主要功能 /34
二、电视解说存在的意义和价值 /60

第四章 不同电视节目对写作的要求 /66
一、电视新闻稿的写作 /68
二、电视政论片、文献性纪录片的创作 /81

第五章 电视写作的创意与构思 /87
一、电视节目的选题策划 /88
二、电视解说的创作构思 /94

第六章 电视写作的结构与叙事 /106
一、开场设计 /106
二、叙述方式 /110
三、悬念设置 /119
四、表现冲突 /123
五、把握节奏 /126

第七章 电视解说词的形式特点 /129
一、与创作相关的其他因素 /130
二、电视解说的形式要求 /142

第八章 电视写作的艺术追求 /155
一、电视解说的艺术特点 /156
二、电视解说的艺术处理 /164
三、提高解说语言的艺术感染力 /172

第一章　电视语言的合理运用

本章重点：

1. 电视语言的主要构成因素有哪些？一种手段的使用主要受到哪些因素的制约？比如手段自身表现力的制约、电视节目整体构思的制约、其他手段表现情况的制约、编导创作个性的制约、客观条件和技术手段的制约等。

2. 实现声画结合的最佳效果，需要充分发现和挖掘每一种手段独特的表现力，善于寻找并且组织各手段之间自然的或创造性的合作关系。

3. 电视语言的语言环境包括哪些方面的内容？

（1）外部社会环境和文化环境的影响。

（2）一种语言成分与其他语言成分构成的外部语言环境。

（3）被选择使用的符号同其库存部分构成的内部比较关系。

要了解电视写作在电视节目中的地位和作用，首先必须了解电视语言的构成特点、电视语言特殊的语言环境和其他语言因素，如文字语言、画面语言与解说词的相互关系以及如何处理好各表现手段、构成因素之间的有机配合。这种配合关系的处理，是合理运用电视语言以及正确处理、安排电视写作的关键。

本章的学习要运用到语言学、符号学、文化学、传播学和美学的相关理论，但受篇幅所限不能一一展开来全面讲解，尤其对一些基本概念不可能进行详尽的说明和解释。

一、电视语言的结构特点

什么是电视语言？电视语言就是利用光电或数字技术等高科技手段，以声音、影像形式作用于观众视觉和听觉的多层次、多因素的艺术信息。

电视语言的结构与文字语言不同。文字语言是一种线性的水平结构，是由文字单一因素构成的简单结构，而电视语言则是一种多维多向的立体结构，是由多种艺术因素和技术手段共同构成的复杂结构。

电视语言的构成因素很多，比如摄影、美术、解说、音乐、音响、文学、戏剧、采访、主持、同期声、字幕以及特技、录音等技术手段，细分起来，还有灯光照明、服装、播音技巧、切换剪辑、编辑合成等。虽然这些因素不是一个层面上的概念范畴，在不同场合下使用的配置也不尽相同，但都是电视语言不可缺少的构成因素。

而这些不同的构成因素和表现手段在电视语言中的合作，不是简单的相加和拼凑，也不是一种腔调的齐唱，而是多声部的合唱或重奏，各自承担着不同的表现任务。它们的组合方式与配比不是任意无序的，而是艺术的、巧妙的协调配合。每一种因素的出现与存在，都是以其他相关手段的出现和存在作为前提和基础的，就像一部气势恢宏的大合唱，有高声部、低声部，有男声和女声，还有伴奏和配器。

电视语言的各种表现手段和构成因素在使用的时候，既相互配合又相互制约，受到电视语言立体结构和外在语言环境的制约以及其他手段和因素的影响，具体表现在以下几个方面的制约。

(一)单一手段自身表现力的制约

任何一种电视手段都会根据自己的不同特性，从一个特定的角度，用独特的形式来反映生活。每种手段都有特殊的作用和魅力，有自己擅长表现和发挥的生活领域，也有自己不擅长表现或难以涉足的领域，因此，它在使用的时候，必然要受到自身表现力的制约。比如无声的电视画面，善于再现形象的、具体的事物和现象，反映现实生活中具有可视感的内容，但不擅长反映那些抽象的、哲理性的内容，难以表现想象性体验和复杂的心理活动以及现实生活中看不见、摸不着的东西。与之相反，电视解说词则更擅长表现生活中抽象的、哲理性的内容和富有想象性的感情体验以及复杂的心理活动。比如，音乐具有很强的表现力，在渲染气氛、表达情感方面有其他手段难以替代的作用，但是它却无法传达具体的信息。长于此，必然短于彼，没有包打天下的万能手段。所以电视节目中选择手段时使用的基本原则是扬长避短。

（二）电视语言整体结构的制约

任何一种表现手段，在电视节目中怎样用、用多少、用在什么地方都不是任由各个操作人员随意决定的，必须受到电视节目的统一构思和电视语言立体结构的制约。任何一种表现手段在整个节目中所占的分量比重、所起作用的大小都需要在整体的结构中进行合理安排。

它要受节目总体风格和形态的制约，不能离开作品的基本风格样式而单独从事任何一种手段的创作。对解说词写作来说，妙笔生花的文字如果背离了节目的总体风格，也必须根据总体要求重新进行修改。比如，作品整体风格是“大江东去，浪淘尽，千古风流人物”这样一种气势磅礴的豪迈风格，解说词就不能写成小桥流水、娓娓诉说的婉约风格，即对于严肃、庄重的题材，解说词就不宜写得过于轻灵、调侃。

同时，在使用任何一种手段进行创作时，必须充分考虑它同周围其他手段的协调关系。因为在电视语言中，各种手段往往在同一时间内“共时态”地呈现并发挥作用。比如画面、解说、音乐、字幕、现场同期声可能同时出现，而各个手段的位置、作用、节奏、风格、长度都会对其他手段产生影响。所以，电视手段的使用是一个相互适应、调整、照顾、妥协的过程，既彼此策应，又相互制约。

（三）编导个人创作个性的制约

电视节目的创作尽管分工细致，涉及的部门、手段很多，但编导是其中的“灵魂”，是指挥者、决策者和协调人。每一个成熟的编导，都有自己的创作个性、审美情趣和风格追求。由于各个编导的经历、爱好不同，他们对各种电视手段的认识、运用、把握的能力也不尽相同，有的擅长或偏爱某种表现手段，有的则擅长使用其他表现手段。尽管编导也要做妥协和调整，但情有独钟的现象不可避免。这也是编导追求个人风格、保持创作个性的表现，无可厚非。因此，这种情况势必影响和制约电视手段的使用和处理。

比如，一个摄影师出身的编导，他可能更注意画面的构图、造型、色彩、光线的运用，强调画面的张力和表现力，更加注重对于提高画面表现力手段的运用，而相对不太重视文字结构和解说的作用；一个做文字出身的编导，对画面手段的认识和运用可能就不是那么自如和得心应手，而是充分发挥文字的结构和描述的魅力，那么画面的表现力相对较弱；一个音乐素养很高的编导，可能会把音乐手段运用得很充分。

一些相关的例子可以说明这个问题：摄影师出身的电影导演张艺谋，他对于画面构图、摄影造型、色彩光线的使用特别讲究，也特别到位；而演员出身的导演孙道临，他执导的影片则更注意其中的戏剧因素、演员的表演技巧；另一位美工出身的导演冯小刚，他执导的电影和电视剧，可以明显表现出他在美工置景方面的功力。同样，电视新闻记者制作的新闻也会因所学专业的不同而各有侧重。如一则反映陕北农村教育的新闻，从其画面构图（见图 1-1）可看出摄影记者的功底和实力。

图 1-1　窑洞小学

以上情况并不绝对，但编导创作个性对手段使用的制约作用是显而易见的。同一题材放在不同的编导手中，各种手段的使用情况会有明显的不同。

（四）制作经费和技术条件等客观因素的制约

电视是技术与艺术的结合，是高科技、高投入的制作。因此，电视手段的使用，必然受到节目经费和技术条件的制约（包括操作人员的水平）。我们在选择使用手段的时候，必须充分考虑其实际操作的可能性和可行性，不能盲目求全，要在立足现实条件的基础上，尽可能发挥各种电视手段的优势。有人提出，解说词成本低，也不需要高科技手段，其实未必。一些专业性很强、难度较大、要求较高的题材，一般人难以胜任，必须请高手出山担纲。

那么，在众多的电视手段当中，到底哪一种是主要的表现手段，哪一种是次要的或辅助的表现手段呢？

不少电视专业研究人员都强调画面在电视中的特殊位置和重要性，认为画面是电视的主要表现手段，最能体现电视反映生活的特点。所以，画面为主，其他为辅。这种说法有一定的道理。因为在电视创作的各种手段当中，唯有画面是从头贯穿到尾、完整呈现的因素。一个二十分钟的节目，必须有二十分钟的画面，一帧也不能中断。其他任何手段，如解说、音乐、字幕、同期声等都不可能贯穿全片，只是片断的、时隐时现的阶段性呈现。从这个意义上来说，画面为主是有道理的，但这种说法不够科学、全面。如果从作用的发挥和对表现节目内容的重要性来说，很难绝对地说是以画面为主。

电视节目的类型千差万别，不能一概而论。比如自然风光片、旅游片等可能是以画面为主（见图 1-2），解说很少。而政论片、文献纪录片，则可能是以解

图 1-2　古堡

说作为主要的表现手段，画面不过是作为一些形象的图解。像国内的《世纪行》《让历史告诉未来》《毛泽东》《邓小平》等作品、国外的《普通法西斯》《皇家报道》等作品，其主要信息的传递任务显然是由解说词承担的。音乐艺术片可能是以音乐为主，而电视小说或电视散文则可能是以文学手段为主。

同一部作品中，这一段落可能是以画面为主，下一个段落则可能是以解说为主，后面的段落又有可能是以音乐或字幕为主。所以，就作用的大小和重要性来说，没有绝对的以谁为主、以谁为辅的区别。科学的说法应当是：各种手段在电视节目中交错或轮流地处于支配或配合的位置，根据节目主题表现、形象再现、信息交流、感情表达、细节刻画、场面展示的需要，交错使用各种不同的表现手段，采用不同的因素组合和整合方式，最终达到使节目多姿多彩、内容与形式完美结合、各手段协调配合的效果。

声画结合的综合效果是电视语言的一种理想状态，也是最大限度发挥其综合优势的关键所在。声画手段的有机协调与巧妙组合，不但可以表达单一手段难以表达的意蕴和情感，而且可以形成一种全新的语言构成、全新的"能指"系统，创造更为深远的意境和更加强烈的效果，使电视语言的内涵与外延得到更完整的阐释和理解。

而声画结合最佳效果的实现，取决于以下两个方面的努力：

第一，充分发挥、合理运用每一手段的独特表现力。注意扬长避短，不要偏废忽视。每一种手段都有不可替代的作用，会产生独特的作用和表现效果。现在，我们对某些手段的把握和运用仍不够充分，比如字幕、音效的作用，其应有的潜力都尚未得到充分的发挥。

第二，精心营造并且建立各表现手段之间协调、配合的关系。各手段之间的配合程度高，制作的节目就可能是一部精品；配合程度差，只能是一部粗糙的作品。电视的各种表现手段好比是不同形状的积木块，有方形的、圆形的、菱形的或三角形的，宽窄、尺寸、曲直、厚薄不一，要把这些形态各异的积木巧妙地拼接起来，拼成天衣无缝的完整作品和造型，就需要精心选择、细致打磨、反复调整。

在手段关系的处理中，任何一个环节的失误、任何一个不和谐音符的出现，都会影响整体的传播效果。电视作品是一部多种零件合理装配而成的机器，它的成功运转需要各个部件之间天衣无缝的协调和配合。许多电视节目没能产生预期的效果，就是在一点一滴的损耗中输掉了全局。

二、电视语言的综合优势

在原始社会中，人类思维是以视觉文化为特征的。原始时代留下的大量岩洞壁画和图形，并非是一种纯粹的艺术创作，更主要是人类思维过程和信息传递的记录，是人类历史文化记录、传承的主要载体。随着劳动工具的进化、生产活动范围的扩大、人类抽象思维能力的提高，语言文字逐渐成为人类传递信息、记录历史的主要载体。

从绘图达意、举火传讯、结绳记事、史诗传唱到文字印刷、电报电话、广播电视，一直到今天的电脑网络，人类的信息传递不断突破时间与空间的限制。直到影视语言产生之前，人类文化载体主要建立在文字基础之上。尽管图画、音乐也有一定的记录、传达功能，但由于其信息表述的模糊性和不确定性，仍然只能作为文字的附庸。而影视语言的发明与发展，使人类获得了另一种语言——视听结合的语言模式。它对于人类文化信息的沟通与传播，对人类生活方式和思维方式的影响，甚至对人类自身的发展，都具有划时代的重要意义。

电视是人类文化发展到一定阶段的产物，是现代科技与大工业发展的产物。它凭借所拥有的先进技术手段和强大的传播系统，提供了一套全新的符号系统，为信息传播和艺术反映生活提供了新的可能。在传播的过程中，电视逐步吸收了其他艺术形式的有效成分和可利用的手段，不断丰富、完善自身语言构成，形成了富有表现力的特殊语言——电视语言。

电视语言运用声音和画面造型，是多种技术手段和艺术手段的综合显现，显示了电视语言反映生活、传递信息的综合优势。比起其他媒介，如报纸、杂志、广播等，电视语言的优势在于其视听结合产生的综合效应。它对外部世界的感知方式是全方位的，甚至是最大限度的模拟和复制。几乎所有的传统艺术形式都可以成为它的传播对象，这方面报纸、广播是无法比拟的。它可以通过自己的技术手段，把各种艺术形式任意切割、变形、嫁接或重新组合，也可以通过各种艺术手段的交叉换位、基因转移、移花接木，创造一种崭新的表现阐述方式。它借用一切可以借用的手段，融会一切能够融会的因素，突破原有形式和手段的局限。它可以迅速向受众提供现实世界的真实状态、艺术世界的广阔天地，其传播的方式、范围、速度和效果是其他媒介难以企及的。

语言作为交际手段和传播工具，都有自己的结构形式和语法规则。电视语言的构成形式和语法规则是由多种因素共同决定的。其中任何一种因素都对电视语言的功能、意义、节奏、色彩产生影响。比如节奏较慢的画面(如图1-3)，可以通过音乐音响或解说的处理加快整个电视语言的节奏；十分平静的画面，可以通过音效处理表达极其烦躁的语言效果；平淡无奇的画面，可以通过解说配合变得情趣盎然。任何一种因素，都可能成为其他手段的点睛之笔。

图1-3　让我们荡起双桨

(一)电视语言的主要优势

电视语言的主要优势在于：

1.借助先进的技术手段和强大的传播系统，真正实现了语言的跨时空交流和传播，其传播速度和传播范围都是空前的。

2.以逼真的图像和声音记录、还原生活，成为记录人类文化的形象载体，改变了人类感知世界的方式。

3.利用语言的综合分解能力，使传统艺术的融合交流更加自如和频繁，再生和创新呈现前所未有的广阔前景。

4.语言的综合优势使它拥有丰富的表现技巧和创造能力，且使艺术反映生活的各种可能性大大提高。

随着技术手段的不断进步和人们认识水平的提高，电视所拥有的潜力必将得到更深入的发掘，电视语言的优势将得到进一步发挥。

发挥电视语言的优势一定要避免不同部门的创作者、不同手段的使用者各行其是；不能只考虑自身手段的发挥，而与其他手段格格不入。所以，电视创作过程中的协调、适应、修改是非常必要的，而绝不能采取以不变应万变的态度，一味固守己见。我们之所以强调电视写作创作不完全是一种传统的写作，而是一种处理和安排，正是这个道理。

当然，一定的文字基础和写作技巧是必要的。文字处理能力越强，解说词使用起来会越得心应手。但电视写作的关键，是在统摄全局的基础上恰当地处理与安排，让声画相得益彰。不同手段不仅要发挥自身优势，完成表现主题、传达信息的任务，并且能够避免自身的局限，通过和其他手段的配合，消除及弥补各自的劣势，形成整体的综合优势。在处理、安排时对自身形态的切磋磨合，就是为了调整与其他手段的配合关系。

比如，电视解说主要作用于观众的听觉，不像报刊、书籍的文章是供人看的。听觉接受与视觉阅读在文字处理上有明显的不同。电视解说必须适合念、适合听，有自己独特的语言规则和语法结构；同时，还必须考虑播音和录音的需要，以及播音员的语速与播音风格。这些问题都不是传统意义上的写作能够解决的。

再比如，在信息传达上，要明确哪些信息是适合解说传达的、哪些信息是画面擅长表现的、如何扬长避短，该转让的地方要转让出去，不能包打天下地把所有任务都集中在一种手段上面。而传统的写作是无须考虑这些问题的，因为它别无选择，只能用一种手段进行创作。电视写作的处理，如同在大型交响乐中要根据总谱的安排，完成自己配器部分的任务。

一种语言因素用在什么地方、怎么用、用多少、什么时候进入画面、什么时候跳出画面、能否同其他手段配合适当、哪些地方应该调整、合成之后的综合效果究竟怎么样都要反复琢磨。要知道哪一部分信息需要解说传达，先看画面反映到什么程度，需要在哪些画面上配解说；画面的长度和形象是否适合加这样的解说；在画面的什么时机进入；整体节奏是否受影响；是否需要音乐衬托；哪些信息要上字幕；可能通过怎样的组合方式更好地表现，这些因素都要一一考虑周全。

（二）电视语言构成的基本规则

电视语言构成的基本规则如下：

一是服从大局，一切从更好地表现主题出发，照顾总体结构和基本风格。

二是发挥各种手段的优势，寻找最佳的配合方式，尽量做到浑然一体、相得益彰。

三、语言环境的影响与营造

要充分发挥电视语言的优势、合理使用电视语言的每一种要素，就必须对电视语言所处的特殊语言环境有充分的了解。

语言环境问题主要包括以下三个层次：

（一）语言使用的社会与文化环境

在不同的社会文化背景下，人们对语言符号有着不同的理解。不同国家、不同民族、不同地区、不同群体呈现出明显的文化差异。比如在城乡之间、知识分子和文盲之间，对语言的理解有着明显的差异。所以，受众的背景和接受的环境对语言符号的传播有着巨大的影响。甚至在不同时期、不同流行趋势、不同社会热点的影响下，对语言符号的理解都会打上明显的时代烙印。比如改革开放以后出现的街头取款机（见图 1-4），就是中国经济发展进程中的一个新的符号。再比如，随着“文革”时期特定语言现象的出现，当代中国青年理解当时的电视语言就容易产生隔阂与误解。“发财致富”“老板”在某个时期是贬义词，而在当今市场经济时代，就成了褒义词。这是语言环境研究中一个非常复杂的问题。我们将在后面的节目策划构思一节进行重点讲解，这里不再深入讨论。

图 1-4 街头取款机

（二）外部语言环境构成的立体交叉式影响

任何一种语言成分的出现、任何一种语言符号的使用都不是孤立的，必然与其周围其他符号或成分构成相互依存、相互制约、相互影响的关系。这种环境关系对任何单一的语言符号都会产生极大的影响，甚至决定它的功能、意义、色彩和情感。也只有置身于一定的语言环境之中，语言符号的准确意义和作用才能真正显示出来。这是语言符号所面临的具体外部环境。

（三）内部语言环境构成的库存选择关系

任何语言成分和语言符号的使用，都经过一定的比较选择，都有自己深厚的背景。有大量同类或相近的符号库存存在。语言符号的意义、对它的选择是否准确，往往不是由它自身决定的，而是由其库存决定的。语言符号与其库存部分的关系，构成语言符号的内在环境。

合理使用电视语言时，我们必须对其所处的语言环境做深入、细致的分析。首先来看电视语言所处的具体的外部环境。

众所周知，文字语言所处的语言环境是一种线性水平关系。某一个文字符号——字或词虽然都有基本的内涵，但由于其多义和外延的不确定性，本身都无法表示和传达准确的意义，只有放在一定的语言环境中，它的意义才能确定下来。离开了语言环境，任何孤立出现的单一符号都无法准确确定它的意义。

比如，同样一个“黄”字，在以下三种语言环境中表达的意义完全不同。

a. 山上的树叶黄了。

b. 这本书有些情节真黄！

c. 她出国的事儿黄了。

“黄”在第一句中表示一种颜色；第二句中表示色情淫秽；第三句则表示告吹。同样，在“花儿为什么这样红”“又红又专”和“这个人红得发紫”这三个句子中的“红”分别表示“一种颜色”“政治上过硬”和“混得不错”这三种不同的意思。

有人说，这些单音节的字意思不容易确定，而双音节的词比较确定，其实并非如此。比如“伤风”一词，有人说这就是“伤风感冒，上呼吸道感染”的意思嘛，不一定。如果外部语言环境改变了呢？比如在“破伤风”或“伤风败俗”中，这就和“感冒”没有关系了。

文字语言是线性水平结构，语言符号是按照时间顺序先后出现、线性展示的。任何一个语言符号的意义，必须在一定的语言环境中、在其前后的符号完全就位之后才能确定下来。前后的符号不就位或词序排列发生变化，都会影响符号的意义。

画面的镜头语言也是如此，比如一位老者手拿放大镜认真观察的画面，在上下承接镜头不同的情况下，可以表达完全不同的内涵：可以塑造一位认真负责的老者，也可以表现一个“十分挑剔”的老人，还可以表现一个夸张的、爱小题大做的老人，等等。总之，一个画面以不同镜头前后组接或者镜头之间的排列组合不同，往往使同一画面呈现完全不同的意义指向。比如一个面无表情的人，在他前面分别接上“刚领了工资”“刚受到领导的训斥”“刚抽到了大奖”三个不同镜头，这个镜头的意义就会随之改变。如果在这个镜头后面分别接上“少女”“棺材”“鲜花”的镜头，镜头意义也随之发生变化。这就是最基本的“蒙太奇”关系，又称“库里肖夫效应”。前苏联著名导演爱森斯坦的经典影片《战舰波将金号》中有一段著名的蒙太奇剪辑“敖德萨阶梯”。在这个语言环境中，每一个镜头都表现了反对沙皇、镇压工人的进步主张。但美国有人把这部影片重新剪辑，没有增加任何镜头，只是改变了镜头之间的组接顺序，竟把这部影片剪成了一部反动的影片。

在一般情况下，文字语言是历时性的，按顺序展示语言的各个成分和要素；而画面语言是共时性的，同一时间展示各个要素。语言是由相互依赖的诸要素组成的系统，其中每一要素的价值完全是由另外要素的存在而确定的。比如一个词汇和镜头是一个简单思想的再现，它们在整个语言结构中的作用，基本取决于它在周围词汇和镜头中所占的位置。因此，同一符号会在不同的语言环境中呈现出不同的意义和色彩。

而电视语言面对的语言环境远比单纯文字和画面要复杂得多。任何一个电视语言的要素，面对的是一个立体的、相互交叉作用的语言环境。同样的画面、同样的解说，在不同的音乐背景下或配以不同的字幕，会呈现迥然不同的意义和色彩。任何一种语言成分的作用，基本取决于当时各种因素的配比组合方式。譬如，同一段画面，为它配上欢快的或忧伤的音乐，急促的或舒缓的音乐，其感情色彩会产生明显差异。如果再为它打上一段意义截然相反的字幕呢？所以，必须考虑同时出现的其他语言要素的相互影响。

另外，在一种要素出现的前后，还有多种要素出现并产生相互交叉的影响。电视语言的构成意义段落，不只是镜头与镜头、解说与解说、音乐与音乐这样简单的线性水平连接。解说可能连接的是画面，与前后画面共同构成意义段落，也可能连接的是音乐或同期声，与它们构成一定的意义段落。比如，我们经常可以听到类似这样的解说，“这个人”“这样的场面”，它们同前面的解说毫无关系，接的只是前面的画面镜头形象；也会听到这样的解说，“奥妙究竟在哪里呢？请注意……”，后面的解说不用承接，而是用画面镜头衔接；而“这首歌”“这段话”之类的解说可能直接承接的是前面的同期声。电视语言的每一要素并不都是只与同一手段构成意义关系，它们可能同前后的其他手段组成意义段落；把各种手段拆开来看，可能是片断的、零碎的、不完整的，只有把它们组合起来，它们的意义才能完整呈现出来。

电视语言的外部环境，是我们学习电视解说词必须特别注意的课题。每种因素都以其他因素的存在为前提，互为依托、互相呼应，你中有我、我中有你，这正体现了电视语言的综合优势和特殊魅力，大大丰富和提高了电视语言的表现力。

我们再来看被选择使用的语言符号同其库存部分的关系。

任何一个语言符号被选择出来使用，不管是解说词的词汇，还是画面镜头，在它们的背后都有大量的备用库存的符号可供选择，即在它们所在的位置上，有许多功能相近、意义相近的符号可以替代它们。

我们在节目中使用的符号都是有限的。一个符号被选择出来使用，被放在一定的位置和环境中，对它的选择和安排是否准确、合适，不是由它自身的意义决定的，而是由它背后的库存部分，即那些可以出现而暂时没有出现的相关符号决定的。

图 1-5 车技

对于词汇的选择大家比较容易理解。我国古代吟诗填词讲究“练字”的功夫。像“红杏枝头春意闹”，这一“闹”字，境界全出。原因何在？因为在“闹”字的位置上，有许多可供选择的库存词汇，如“好”“浓”等，比较下来，这些库存词汇均稍嫌韵味不足。“闹”字的价值正是通过同库存词汇的比较来确定的。

符号相比较而存在；一个符号不同于其他符号，才有了自身存在的价值。比如街头车技画面（见图 1-5）中，该车技表演与大多数人司空见惯的骑自行车的方式相比较，显示出其新奇之所在。所以比较相关符号，有助于确定这个符号的价值，确定使用的机会场合是否得当。一个符号的色彩、节奏、位置，如快慢、明暗、浓淡、褒贬、前后、平仄等差别，都是由库存部分决定的。在这里，出现与未出现的、使用与未使用的，其实都表现在一个符号内。使用的符号同未使用的库存符号有着千丝万缕的联系，是从同一库存中经过比较、选择出来的。它的准确意义，依赖于与库存部分的比较。综上所述，在选择使用语言成分的时候，我们必须注意语言因素内在环境的影响。

画面镜头的选择编辑更是如此。我们制作一部电视节目，总要拍摄大量的素材，要有一定的片比。有些专题片的片比高达几百比一，即平均几百分钟的素材剪出一分钟的完成片。电视剧一个镜头，一条通过的极少，一般要拍几条、十几条甚至几十条，而最终的完成片只能用其中的一条。也就是说，在最终完成的节目中，出现的镜头毕竟是有限的，大量素材作为库存部分并不出现在节目中。然而，出现的镜头被挑选出来使用，其准确意义和使用价值却是由未出现的库存部分来确定的。

一般情况下，可供选择的库存部分越多，选择的准确程度就越高。千里挑一，总比二者必选其一成功的概率要大。当然，无节制地滥拍素材同样也不可取，库存过多也容易挑花了眼。

同一形象镜头的选用有景深、景别的不同。采访一个人物，用中、近景，还是用特写，都是要经过甄选的；什么时候插入反打镜头，什么时候用全景镜头过渡，都要认真比较、选择；还有，不同的运动摄影方式（推、拉、摇、移、跟），加之色调的冷暖、光线的强弱、角度的俯仰甚至机位的摆放，每一种镜头因素都有相当多的库存可供选择，这些因素构成电视语言共时性关系的有机组成部分，千万不可忽视。

在机位选择上，许多节目都存在“穿帮”问题。大型晚会或社会活动的现场直播，同时有几十个机位可供选择，选择哪一个机位更准确，就需要和其他库存机位比较。选择失误，就会出现“穿帮”“跳轴”等问题；如果关键机位没有及时切出，画面转瞬即逝，难以挽回。轰动一时的大型电视直播“柯受良飞跃黄河”（见图1-6）铺垫了几个小时，安排了几十个机位，观众翘首期盼了几小时，结果最关键的飞跃瞬间切出了一个纵向的机位，使飞车从镜头前掉了下去。是掉进黄河了，还是掉进对岸的纸箱了？观众在第一时间没有看到。更何况，纵向机位所用的长焦起到了压缩过程的作用。因此，这个机位选择是失当的。

图 1-6 壶口“飞黄”直播现场

一个镜头的使用或更换必然引起其他镜头的相应变化，进而影响电视语言的整体结构。任何镜头的使用，一定要能说出为什么用此而不用彼，这个镜头和其他手段是否协调，为什么出现在这个位置上。比如公园绿地一景这样一个画面语言(见图 1-7)，画面主体是一个在绿地上铺席酣睡之人。虽然该镜头语言指代非常具体，但为什么要用它，公园绿地让不让踩踏，公园里其他人的态度如何……观众都不得而知。像这种缺乏说服力的画面选择，因其主信息含混不清，同样属于不可取镜头。

电视语言的环境因素相当复杂。熟悉电视语言的环境是制作电视节目、使用语言要素时必须考虑的问题，是合理使用电视语言必须掌握的知识。

图 1-7　占有绿地

思考题

1. 为什么说电视写作是一种处理和安排?
2. 电视语言外部环境同文字语言有哪些不同?
3. 怎样确定所使用的语言成分的准确性?

第二章　电视写作的语言特点

■ **本章重点：**

1. 文字语言和画面语言的构成特点不同。电视写作正是利用其特殊的优势，具有既调动观众想象又引导观众感受的作用。它吸收了两种语言表述的优势，又把两种语言巧妙地融合起来，形成一种视听结合的全新表述方式。

2. 作为象征和隐喻符号，画面要避免单一性和凝固化，要善于创造性地寻找崭新的形象载体，善于从生活中发现具有象征意义的形象；要注意象征画面的多义性和暧昧性，使观众获得多方面的形象感受。

电视屏幕上的画面形象，如果完全脱离口头语言提供的信息，很难获得观众的理解。电视的表意功能，在某种程度上依赖于一般说话功能提供的支持。当然，电视语言是一个超越单纯词语的符号学系统，其承载的许多内容通过"亚语言学"的符号形式(比如画面语言、音乐语言、特技语言)来实现，但它们最终都是来自现实生活中的语言编码，这是电视写作能够成立的理论基点。

无论怎样变化，电视写作基本的形式来源依然是文字写作，是通过对文字语言的处理实现和其他手段的相互配合，从而适应电视语言的需要。电视写作毕竟是一种特殊的语言现象，它有哪些特点？它与一般的文字语言有哪些区别？它同画面语言究竟是什么关系？它在电视作品中到底起什么作用？怎样发挥它的作用？我们将在本章中逐一解决这些问题。

我们首先研究文字语言、画面语言各自的特点，以及它们同电视写作之间的关系。

一、类概念与感性实体

要了解电视写作的语言特点，必须先了解文字语言、画面语言各自的特点，了解两种符号形式彼此的联系与异同，进而了解电视写作与这两种语言系统的关系。

（一）两种符号形式的联系与异同

人类活动所产生的最惊人的成果是语言。

人类运用语言不仅能够表达感观世界中的一切现实存在，表达隐蔽起来的事实，甚至可以表达那些难以直接感受的无形观念和概念形式。正是凭借语言，人类才能进行思维、记忆和推理，才能描绘事物，再现事物间的关系，揭示各类事物间相互作用的规律；也只有依靠语言，人类才能交流、沟通，从而反映各类概念，找出知觉对象或概念对象间的联系。

最初的语言，不过是用来表示某些人类感觉对象的简单称谓或基本关系，它与表示物一一对应。人类思维具有对某种形式、要素进行抽象概括的能力，从而使语言产生质的飞跃，成为一种抽象的表意符号。达尔文在《人类的由来》一书中指出，“人类和高等哺乳动物在心灵能力上没有根本的差别”“差别仅仅在于他把各式各样的概念加以联想的能力，这种能力几乎是无限大的”。这种能力的实现主要依赖人类语言。

文字语言赖以传情达意、进行交流的基本单位是词汇。尽管词汇也有一定的模糊性和感情色彩，但基本词汇的创造和构成一般都可以被称为类概念。所谓类概念，就是脱离了具体的、感性的个体事物，按照事物的实用名目分类命名的抽象概念。除了专用名词，人类普遍使用的、表示简单对应关系的基本词汇都是类概念，比如桌子、椅子、粉笔、黑板、学生、教师等。

这样一来，事物的名称和实际事物之间就会产生一种差距。一个表示类概念的名称和某一具体事物并不是一对一的关系，而是总体与个体、抽象与具体的关系，不能等量齐观。即便在某些民族的语言中有“复数”概念的表示，但依然无法与类概念词汇画等号。这种“名”与“实”之间的差距，曾经长期困惑人们，使人们在认识事物时产生许多麻烦。因为“名”是抽象的概念，而“实”却是无数个个体。古今中外的许多思想家和哲学家都探讨过这个问题。

黑格尔曾就符号与个体事物间的关系谈到人类认识的困惑。他指出，人当然可以吃樱桃和李子，但是不能吃水果，因为还没有人吃过抽象的水果。“人不能吃水果”这个奇怪的命题，从判断的意义上是错误的。人当然可以吃水果，医生和营养学家整天劝我们多吃水果。但从逻辑的意义上，这个说法是成立的。在黑格尔那里，水果是一个大的类概念，在“水果”这个概念之下，有许许多多种类，如樱桃、李子、苹果、桃子、葡萄、西瓜、梨等。我们只能吃具体的樱桃或李子，而不能把“水果”这个大的类概念吃下去。严格推论起来，樱桃和李子也是类概念，只不过是小的类概念，即我们只能吃具体的某一颗樱桃或李子，绝对不可能把这个概念全部吃下去。

中国古代有所谓“九流十家”，其中“名家”就曾讨论过事物的名称和实际事物之间的关系。“名家”著名的代表人物公孙龙曾经提出过一个著名的命题，“白马非马”。白马不是马？从判断的意义上显然不成立，白马当然是马，不是什么其他的牲畜。但从逻辑的意义上，这个命题却能够成立。因为马是一个大的类概念，包括各种颜色的马，黑马、黄马、枣红马、菊花青等，白马不过是其中的一种。所以，白马和马不是一回事儿。严格推论下来，白马也是类概念，不过是小的类概念，它涵盖各种性别、年龄、品种的白颜色的马，同某一具体的个体的马之间仍不相符。

“水果不能吃”与“白马非马”的提法有异曲同工之妙。事物名称与实际事物的差距、类概念与感性实体的区别、“名”与“实”之间微妙的对应关系，长期困扰着人们的认识。那么，讨论这些问题有什么实际的意义呢？

大家知道，“名家”是中国法律学的鼻祖，中国古代的法律学又被称为“刑名之学”。“名与实”的讨论同法律学有什么关系呢？我们大家都学过很多法律常识，比如《刑法》《民法》《婚姻法》《选举法》等各种诉讼法和各种程序法。我们国家有许许多多的法律工作者，如法官、检察官、律师等。那么，所有法律问题最核心的东西是什么？那么多法官、律师、检察官是干什么的？其实，所有法律问题的核心只有一点：即罪名同具体犯罪事实之间的相符关系。罪名是一个概念，在一个罪名之下，有无数犯罪的个案和无数具体的犯罪事实，二者不是一对一的关系。这种名实之间的关系把握，为法律工作者提供了大显身手的天地。他们就是要弄清犯罪个案的细微差别，把它们准确归在不同的罪名之下，定罪量刑；"以事实为依据，以法律为准绳"就是对这种关系的形象表达，但实际辨析和处理起来，绝非易事。比如在"正当防卫"和"防卫过当"之间，区别起来就相当麻烦。当然，罪名与犯罪事实的不对等关系也可以使许多人钻空子。过去封建社会的那些讼棍般的"刑名师爷"往往被人称为"刀笔吏"，就是指他们经常利用罪名与具体事实的这种差距玩弄文字游戏，把有罪说成无罪，重罪划归轻罪，无罪判为有罪。

既然表示类概念的词汇和个体事物之间有这么多问题，为什么我们长期将表示类概念的词汇作为人类文化的主要载体呢？

类概念词汇的长处在于它不受人类感知范围的限制，可以表达那些人类感官难以企及的事物，可以根据需要，通过概念的自由组合来表达事物间的复杂关系和内在联系。它可以依据语言内在的逻辑规则自由运转，通过对语言的分析、综合、归纳、推理，得出抽象的结论或科学定理，从而提高人类的抽象思维能力和客观把握世界的能力。人类现在所拥有的大量知识、真理、科技成果，大多依赖于这种抽象符号的广泛传播。

类概念词汇的最大长处在于可以类推，可以由此及彼、举一反三。个人的感知世界总是有限的，而现实世界是无限广阔的。掌握了类概念词汇，就可以大大缩短人类获得知识的时间和空间，使知识以概念的形式得以流传。

在这种抽象符号的长期影响下，人的思维不断深化。通过语言逻辑的自由运转，我们可以归纳出科学定理，探索未知世界的必然规律，但也容易造成人类直接感受事物能力的逐渐削弱。这是因为类概念词汇的短处就在于人们在抽象符号的熏陶下，容易和具体的、感性的事物实体产生某种分离状态。尤其在大城市中长大的人，比如那些在网络化虚拟生存状态下长大的孩子，对此表现得更加明显。他们学了大量抽象概念，但对相应的感性实物则可能一无所知。

所谓“秀才不出门，全知天下事”确实已经做到。但所谓“知”不过是知道概念，对实体只是凭空臆测。一旦面对感性实体，由类概念符号造成的思维板结将使他们难以对感性实体做出敏锐的反应和判断。描述封建时代文人“四体不勤，五谷不分”“麦菽不辨”，就是对这种状态的生动写照。鲁迅先生笔下的孔乙己就是被抽象符号毒害的典型。他一肚子学问，能写茴香豆“茴”字的四种写法，却在“读书人偷书不叫偷，而是窃”的辩解中成为辛辣的讽刺和后人的笑谈。从人类学的意义上讲，抽象的类概念符号一定程度上造成了人类自身的片面发展。

画面语言与文字语言不同，画面语言最大限度地再现了事物的感性存在状态。画面语言的最大特点在于对感性的个体事物的尊重，它大体恢复了实物的存在状态和运动状态。因此，画面语言被人称为“肖似记号”。在画面中出现的都是具体可感的个体形象，不存在所谓类概念的情况。

像“人、马、犬”之类的抽象类概念，在画面上是无法表现的。既然我们的电视主要反映人的社会活动和社会存在，那为什么画面反而不能表现人了？需要注意的是，电视画面上出现的都是具体的人，是某一个或某一群人。而对“人”这个大概念而言，人们只能进行抽象理解，任何画面都无法直接将其呈现出来。

画面语言的最小表意单位是镜头，镜头并不等于文字语言中的一个词汇。镜头是无法用单一词汇来说明的，一个或一个以上的句子才能说明一个镜头。麦茨在《电影符号学的若干问题》中指出：“镜头与词汇中的单词不能相比，镜头更像一段完整的陈述，因为镜头已经是相当自由的组合的结果，是词句的组合。而一个单词只是约定俗成的一个意义段。”因此，画面语言在更大程度上接近感性事物，在一定程度上打破了国家、民族、地理形成的语言障碍，挣脱了文字语言与感性实体存在差距的局限，能够为不同文化层次的人所接受，成为全世界共用的语言表述系统。

因此，我们说文字语言是观念性的，而画面语言是物质性的；词汇表现的是抽象的概念，镜头反映的则是具体的感觉。

（二）不同符号感受形象的方式

我们先来看一下人们感受形象的方式。

文字语言之所以能够唤起读者的形象感，主要是利用文字语言的中介，通过读者的主动想象，即“再造想象”的活动，来调动脑海中的表象记忆，间接获得形象感受。文字语言有一种“可内视性”，即人们看到或听到一个符号，就会在脑海中浮现出相应的形象。人的大脑分为左右两半球，一边输入符号记忆，一边输入形象记忆，在认识事物的时候协调运动。比如我们看到“粉笔”或“黑板擦”这样的字样，即使眼前没有这两样东西，也会在脑海中迅速浮现它们的形象。

这个过程说起来简单，但文字语言这种中介能力的实现必须具备以下两个基本的条件：

第一，必须认识字。对于文盲来说，一个文字符号不过是一些线条，没有任何形象感。对于不懂外语的人，文字符号同样无法唤起相应的形象感。比如，“粉笔”可以唤起懂汉语的人的形象记忆，但在英国人眼里，可能只是不认识的线条，他们只对“CHALK”有这样的感受，而普通中国人却看不懂。

第二，必须具备相应的生活经验和实际感受。如果缺乏必要的经验感受，即便你学识极其渊博，也难以凭空臆想出相应的形象来。例如，孔子识字再多，面对“彩电”“冰箱”“互联网”这样的字眼也会瞠目结舌，不知所云为何物。

而画面语言则没有文字语言这种符号与形象的分离。画面语言把形象直接诉诸人们的视觉器官；符号本身就是形象的直接显现，不需要借助中介的转换，只要遵循人们正常的感知规律即可。画面符号传达的信息是可以直接感知的信息；观众接触的画面语言是一种直接的形象体验。画面上的日月星辰、山河草木在任何国家、任何时代的人们的感受都是一致的，是没有障碍、无须借助中介转换的。所以，画面语言打破了国家、地理、民族、文化程度、经验感受等的界限，成为全人类共同接受的世界性语言。而文字语言传达的则是一种需要借助再造想象的间接信息，给读者的感受也是一种想象性的间接体验。

文字语言和画面语言都可以形成独立的表述系统，都可以传情达意、描绘想象。那么，电视解说词在两种语言系统中到底处于一个什么样的位置？它的特殊性在哪里呢？

(三)特殊语言形态的电视写作

电视写作是一种十分微妙的语言运用现象。在电视节目中,画面与解说以双重信息的形态同时呈现,既有声音、画面形象的紧密配合,又有声音独立于画面而传达类概念抽象信息的应用。

虽然从根本上说电视写作的语言构成来自文字语言表述形态,但在电视语言的环境系统中,根据情况的不同呈现出不同的状态。比如,电视解说一般要依赖画面或有画面形象的配合,不需要观众进行"再造想象"就能够直接输出形象感受,但并不是所有的解说都有画面形象配合,有一些必须传达的信息是没有相应画面或画面难以表现的。这时就需要通过语言的中介能力,调动观众的再造想象。因此,电视解说同画面之间经常保持一种"一进一出,若即若离"的关系。

图 2-1　远航送别

在“万里海疆”系列专题片中，有许多不需要观众进行“再造想象”的画面（见图2-1）；但也有许多需要通过文字语言中介充分调动观众的“再造想象”，从而增加画面的表现力（见图 2-2）。

图 2-2　远航

比如，有这么一个段落：

画面：渔民在海上吹螺号。

解说的第一句却是“当黄土高原上的腰鼓敲得豪迈奔放的时候”。画面上没有什么“腰鼓”，这时只能依靠调动观众的想象，想象黄土地上的“安塞腰鼓”如何豪迈奔放的场面。

第二句解说是“海边渔民的螺号吹得荡气回肠”。回到画面上，观众不必想象，无论是知道和见过螺号或是不知道、没见过的观众，都可以直接感受画面。

下面的画面是渔民海上竞技，走平衡木或举鲨鱼的场面。

解说却是，“如果说腰鼓、旱船、高跷，是中国大地文化的……”这些东西，画面上一概没有，观众只能想象。

下一句解说又回到画面，“那这海上渔民的竞技活动，或者走平衡木，或者举鲨鱼，可就是海洋文化的……”从未见过这些活动的观众，都可以直接感受画面。

解说就是这样一出一入，一句想象、一句感受，和画面保持了一种若即若离的关系。在文字和画面两种语言系统当中，电视解说就是把观众的想象活动与直接感受结合起来，把画面外的信息与画面内的信息结合起来，把间接信息和直接信息结合起来，让它们在同一画面上交汇、碰撞，产生视听结合的新的语言构成，形成“1＋1＞2”的效果，这是单一的画面和单一的解说都难以达到的。它大大扩展了画面的外延，深化了画面的内涵，使画面的张力和表现力大为提高。

然而，问题的复杂性在于，很多时候电视语言的信息传达不是那么瓜青水

图 2-3 万里海疆——威武舰队

白，能够划分得清清楚楚。比如“万里海疆”系列中的一个镜头画面（见图 2-3），可能已经传达了一部分信息，但还是需要写作补充剩余部分——什么时间、在哪一片海域、为什么等。写作不能离开画面单独存在，往往是“你中有我，我中有你”的胶着状态，在形式上表现为若即若离、一出一入，忽而紧贴画面，针对性很强地感受或说明画面；忽而游离画面，传达抽象的间接信息。因此需要在不同的语言环境条件下设计不同的解说词。

电视传递信息的价值在于减少和消除不确定因素，尽量减少观众对事物认识的分歧。画面呈现的直接信息与解说传达的间接信息，在电视语言中同时输出，各自承担着不同的任务，分别满足观众对不同信息形式的接受需求，准确、全面地反映大千世界的丰富形态。

电视写作的处理技巧，关键在于画面逻辑与语言逻辑之间的有机组合；要将画面与解说重新组合成符合电视语言语法规则的逻辑关系，将两种表述系统组织为一套表述系统，将两种语言逻辑组织成一套逻辑关系，发挥各自特长，形成综合优势和良性互补。

二、语言符号的物质形态与概念意义

各个民族在发展中逐步形成了自己的语言和文字。任何语言符号，都有一定的外在形态和内涵的概念意义。

（一）文字符号能指与所指的关系

在文字语言中，符号的物质形态是指它发音的音节和线条形状表示的概念意义；物质形态和概念意义二者结合成为语言符号。如“家”这种线条，发“jia”

这种读音，表示家庭的意义。语言学家把符号的物质形态和内涵意义称为“能指”和“所指”。

在文字语言中，二者之间的结合是主观的、任意的，是人为创造的，没有必然的规律和道理可言，是人们约定俗成或主观规定的结果。汉语用“家”的发音和形状线条表示“家庭”的意义，而英语则用“HOME”表示同样的意义，两者的音节和文字线条全然不同。因此，符号物质形态与其所指代的意义之间是可以分离的。

语言符号既然是符号，就必然是一种替代品，在本质上是任意和虚拟的一种抽象物，所以没有什么符号具有严格、固定的形态和绝对、实在的意义。人们完全可以用不同的符号表示同样的意思，也可以用同一符号表示不同的意义。如“妻子”这个概念，在汉语中就有“夫人、太太、媳妇、老婆、娘子、婆姨、堂客、贱内、糟糠……”等无数的外在形态，更不用说“WIFE”等外语形态了。同理，“激光”与“镭射”，“父亲”与“爸爸”，都是一个意思，只是外形不同。一个“所指”概念，可能有多种“能指”外形。同样，一个“能指”外形也可以有多个“所指”意义。比如“黄色”一词，既可以表示一种颜色，也可以表示色情淫秽。在不同民族语言符号中，符号外形同意义之间的差异更大。

(二)画面符号外在形态与内涵意义的关系

画面语言中的画面符号形态与其指代的意义之间是不能分离的，其结合不是主观规定的。在画面语言中，画面形象是“山”就表示“山”的意义，画面形象是“树”，绝不可能指代“水”的意义。画面语言中，“能指”就是“所指”，古今中外的理解一致，概莫能外。我们接触的画面语言，既是符号的形态，又是符号的意义，二者是不能分离的。

无论是通过文字语言再造想象，还是画面语言直接感受，接受者都可以直接或间接地获得某种形象感。但人们并不满足表面形象的感受，而要挖掘形象蕴含的深层意义，即形象的象征意义或隐喻意义。

(三)画面形象的象征与隐喻

桑塔耶那在指出艺术符号具有双重性时谈道：第一项是实际呈现的事物，

一个字，一个形象，或一个富于表现力的东西；第二项是暗示的事物，更深远的思想、感情，或被唤起的形象、被表现的东西。无论通过何种符号系统，在具体形象的感受上，人们认识的意义大体是相同的，然而在象征和隐喻意义的理解上却不尽相同。象征符号与其隐含意义的结合是主观任意的，是由创作者和接受者自我规定的，没有必然的规律和联系。因此二者是可以分离的。

象征和隐喻，由于人们的主观影响而获得了意义。所有的象征必须要有一个物质的外在形式，否则它不可能进入我们的经验。一个象征的意义仅凭心有灵犀是不够的，还需要创作者创造适当的指示关系、营造一定的语言环境，更需要接受者的主动配合，否则，对符号的理解可能会出现主观化的倾向，造成传播的障碍和歧义。在这里，解说的配合技巧和介入的分寸感就显得十分重要。过少过隐则易曲解致偏，过多过明则干扰败兴、意境全无。

画面语言经常采用“模糊表达”的方式，即用大体相对应的但又非确定性的形象来表达抽象的思想；有时是象征性的，有时是隐喻性的。这较之同步的、确定的画面表达，更富有启迪联想、生发体验的作用，也更适合表达抽象的理念。正如阿恩海姆在《艺术与视知觉》中指出的“视觉形象永远不是对于感性材料的机械复制，而是对现实的一种创造性把握，它把握到的形象是含有丰富的想象性、创造性、敏锐性的完美形象。”其实，这也就是艺术心理学中提出的“异质同构”现象，即完全不同的物质构成能够引起相似的感情体验，二者的心理曲线轨迹是接近的。接受者通过“隔层同视”的方式，感受形象背后的象征和隐喻意义。

形象本身具有多义性和含混性。人们从不同的角度使用它，从不同的侧面观察它，赋予它不同的象征意义，得出各自迥异的理解想象。因此，在使用和理解象征、隐喻形象时，需要注意以下问题：

第一，不同文化环境中的人，对形象的理解有着自己的文化习惯。不同文化背景产生的文化差异，对形象的象征意义有明显影响。比如，不懂“折柳送别”的背景典故，就难以理解“杨柳依依”画面的隐喻内涵；不知道“小荷才露尖尖角”的含义，也无法理解为什么用出水小荷来象征新人脱颖而出。

第二，不同的修养、心境、经历，也会影响人们对形象象征的理解。“登山则情满于山，观海则意溢于海”，人们往往把个人的主观感情转移、投射到客观形象上去，这就是所谓的“移情”作用。观众有意寻找那些赞同性信息，回避或无视那些非赞同性信息。比如几个无所事事地坐在大街上的年轻人（见图 2-4），就令许多观众因无法获得情感认同而选择回避。反之，年轻一代对街头遛鸟的老人自得其乐的心理（见图 2-5）也一样无法引起情感共鸣。人们是如此注意选择，以至于常常放弃了编导苦心传递的部分信息。所以，面对姹紫嫣红的满园春色，林妹妹就会因“伤春”而去“葬花”；面对金风送爽的丰收季节，林妹妹只感到“已觉秋窗秋不尽，那堪秋雨助凄凉”。

图 2-4 街头

符号的物质形式（能指部分）同它的内涵意义（所指部分）之间不是一一对应的关系。符号本质是多义的、含混的、暧昧的。暧昧性恰好是象征使用的价值所在。如果失去了应有的暧昧性，完全一目了然，则过于直白，没有给观众留下充分想象的余地，也就同时失去了象征使用的价值。象征应该是“雾里看花”般的“隔层同视”，能够产生“似花非花”的效果，绝不是洞若观火。但如果某种形象的象征意义被过多地反复使用，它的艺术价值就会相应递减，此时它的意义已经固定成了单一指向，无须解释就十分直白。

图 2-5 养鸟人

艺术符号最容易凝固，也最怕凝固。一旦凝固，符号本身激发的审美期待和审美跳跃受到破坏，也就失去了刺激观众想象的吸引力。原本饶有兴趣的艺术关节直露浅显，往往使观众感到索然无味。像观众烂熟的“烈士就义”必摇青松，“翻身解放”就用冰河解冻，“环境险恶”立刻黑云压城，等等，均属此类。

心理学研究证明，当人们感知、认识世界的时候，往往由于对客体过分熟悉或客体过分平淡，刺激得过久过度，无法对主体形成新的刺激，引发新的兴奋。主体在主观愿望上无法与客体达到某种程度的和谐一致，就会产生逆反心理。所以我们在创作中，应该注意以下问题：

首先，尽量寻找全新的形象作为象征或隐喻的载体，努力创造新的象征符号，精心营造可以与观众产生共鸣、引发联想的语言环境。比如，我们常常把茁壮成长的白杨树作为青年人的象征。在电影《红衣少女》中，影片主题是当代青年要用自己的眼睛看世界。片中多次出现白杨树上一个个裂痕的镜头（见图 2-6），这些裂痕看起来确实很像人的眼睛。这在当时就是一个很成功的象征形象。

图 2-6 自己的眼睛看世界

其次，尽量利用现实生活中出现的细节，赋予它象征的作用和意义。比如在纪录片《二娘》中，有一段二娘家的老母鸡带领一群小鸡觅食的镜头。这个生活中常见的画面，由于编导的精心营造，就有了丰富的象征意义，把二娘这样一位四川贫困山区的老农妇带领几个残疾孩子顽强生活的情境表现得十分感人。类似通过细节表达一定象征意义的情况，在作品中时时可见。

最后，注意象征画面的多义性和暧昧性，不要一览无余、直截了当。象征和隐喻主要靠一种感觉，这种感觉究竟是什么，未必能说得一清二楚（见图 2-7）。形象大于思想，许多含义和理解往往处于朦胧、含混的状态，创作者和接受者都不一定十分清晰，但感觉非常到位。比如电视片《沙与海》打沙枣的场面中小女

图 2-7　枯树——象征

孩儿在沙梁上戏耍的镜头、《万里海疆》中在海滩上玩沙的孩子等，我们可以从中明显感觉到其蕴含的象征意义，但具体指出来象征什么，既不容易，也不一定准确。多义性的画面为观众提供了形象感受和无限想象的广阔空间。

创作者在使用某一形象作为象征符号时，自然寄托了一定的创作意图。无论是解说的语言，还是画面的镜头，都可能使用象征或隐喻的符号。创作与接受的顺利沟通，关键是依靠作品整体的氛围和语言环境的合理营造。只有营造出恰当的语言环境，创作意图才会得到较充分和顺利的传达。由于观众群体的文化差异和审美情趣的不同，部分创作意图的缺失和误解难以避免，但"无心插柳柳成荫"的情况也很多见。观众经常能从中感受到创作者未曾想到的体验和收获。这也许正是电视创作的魅力所在吧！

思考题

1. 文字语言的物质形态为什么能够同其概念意义分离？这种分离对词汇选择有什么意义？

2. 使用象征符号应该注意哪些问题？

第三章 电视写作的功能与作用

本章重点：

1. 电视解说主要的功能和作用：

(1)弥补画面不足，完善电视的形象报道。

(2)整合画面信息，创造明确的指示关系。尤其注意如何强调放大画面细节，为“多释性”的画面确定导向。

(3)充分挖掘画面内涵，使观众在理解的基础上更好地感受画面。

(4)通过解说，调动观众的想象和联想，引导观众的主动性和参与性。

(5)帮助画面顺利进行过渡和转场。

2. 解说作用的发挥。解说的处理和安排都不是孤立进行的，一定要注意同其他手段配合，充分发挥解说的优势。

3. 电视解说存在的社会意义和价值：提高人的理性思维的人类学意义和对民族语言的影响、加强民族凝聚力的深远意义。

电视语言是视听结合的综合语言。画面、解说、字幕、同期声、音乐音响等因素同时作用于观众的视听感觉。电视写作主要是通过对主题的把握，安排结构，统摄全局，结合电视诸多视听手段，特别是作为听觉手段的解说词与电视其他手段相结合，产生思维活动，准确表达创作意图。

电视艺术整体系统的构成是通过诸多语言元素的交叉综合而实现的，既综合了时间艺术所具有的叙述性形式，又具备了空间艺术的造型性形式。它是在时间延续中展现空间造型的魅力，在空间造型中展现时间的延伸的过程。任何时间结构同时也是一种空间造型结构，时间与空间的转换在电视语言中紧密交织在一起。

现代科学发现：文字不能完全转化为画面形象，画面形象也不能完全用文字说明。有时"形象大于思想"，有时"思想大于形象"。从语言符号到画面图像，再从画面图像引发语言解说，相互交叉发展，在某些点上可以沟通和融合。语言符号和画面图像在某一点上交叉后又会沿着各自的方向延伸开去，二者既有交叉，又有分离。

在电视写作过程中，要通过对主题的勘定彰显立意，通过对视听元素的谋篇布局，让解说和画面交相辉映。

其中，解说既可以与画面结合，共同表达一个完整的意思；又可以暂时离开画面，传达一个同画面有一定联系但相对独立的意思。解说与画面往往保持一种"进进出出，若即若离"的状态。"即"，就是解说词与画面保持有机的联系，"离"就是解说词不能简单地重复画面。"即"和"离"是辩证的统一，"即"中有"离"，"离"中有"即"。在若即若离中，画面同解说构成和谐的艺术整体。画面没有完整的情节，常常呈现为无序状态，不具备准确的叙事功能，需要画面外的解说承担一部分叙事任务。观众从视觉感受到画面的有限空间和造型，通过想象、联想和再创造，去感受画面外的无限空间。电视解说的主要作用就是扩大画面空间。画面外的空间是观众进行审美再创造的心理空间；解说就是对观众空间思维的释放和扩展。

电视节目主要是给人看的，要尽量利用图像画面传情达意。但是，完全没有解说的配合，画面的逻辑内涵和感染力就会受到很大的影响。电视写作的主要价值是通过理性思维将电视节目的结构凝固下来，形成让观众易感易知的结构，并且在其他手段难以表达或准确表达的前提下，利用听觉语言的优势和魅力，促使观众形成积极的审美活动，充分展开想象与联想。电视写作可以将一部电视片的思想意境和直观形象结合起来，诱发阐述主题所需要的视听情绪，交代必要的知识背景，帮助观众加深对内容的理解，为观众的思维开拓更为广阔的空间。它有善于揭示问题的本质，直接陈述事实的功能，可以鲜明、准确、有力地传达编导的创作意图。

本章将着重讲解电视写作的一些主要功能，介绍各种类型的电视节目对解说的不同要求。

一、电视写作的主要功能

电视写作通过谋篇布局，形成有张力的逻辑体系；通过有声语言，在电视节目中延伸画面、扩大信息含量、补充画面不足、挖掘画面内涵、渲染和烘托气氛、提炼升华主题；通过连接画面实现语言蒙太奇，顺利过渡、转场，协调电视片的转化艺术效果。

电视写作的功能可大致归纳为以下几种：

(1)总括——提炼，抽象，勘定主题；

(2)布局——谋篇，拆分，形成逻辑体系，完善篇章结构；

(3)引导——定向，启发，提示，帮助理解，引导注意；

(4)强调——突出，强化，捕捉细节，挖掘内涵；

(5)整合——通过调整、转移、伸缩、帮助、借力，综合协调各手段的关系；

(6)延伸——想象，联想，扩展，发散，由此及彼，举一反三；

(7)补充——充实，填补；

(8)渲染——营造氛围，烘托气氛，激发情感，提高兴趣；

(9)对比——与同时出现的其他手段在内容、形式、风格、节奏上形成反差；

(10)过渡——承接，转场，递进，弥合接缝，跨越流畅，紧缩时间进程，迅速转移空间，省略多余部分；

(11)升华——总结，提炼，形成审美化的意境。

我们对电视写作功能的归纳分类，只是为了学习和研究的需要，使之比较清晰。在实际操作的过程中，各种功能是相互交叉、彼此渗透的。写作功能的发挥，不可能是脱离其他手段独立进行的，没有相关手段的支撑和依托，也无法发挥写作的功能。在论述中可能侧重某一个方面、突出某一方面的功能，希望引起大家的注意。下面我们分别讨论电视写作的一些基本功能。

（一）通过主题勘定，确立核心主旨

作为叙事文本的电视节目，通过形式承载了一定的主题。电视写作即是经过创作者的思想和语言组织，通过电视的诸多语言来表达主题意义的创作手法。

电视写作不同于一般的写作方式，有其媒介特色。但无论是写事或状物，都需要通过对客体的描述来挖掘其内涵。只有确定中心思想和主题，方能写出深意。

中国纪录片研究中心主办的2013年“光影纪年暨中国纪录片学院奖颁奖典礼”设置了一个“致敬纪录片人”的环节，目的是向全体纪录片人致以崇高的敬意。可如何致敬？这个问题摆在了创作者的面前。

该环节播出了一段名为《远行》的短片。这条总时长5分钟的短片，通过大量的影像资料的组合，完成了对纪录片人群像的勾勒，对这个群体所拥有的热情、坚持、奉献精神给予了极高的评价。以下是其中的一段解说词：

> 这个世界有种远行，让每一个勇敢者为之着迷。
>
> 他们登上风雪延绵的高黎贡山，看突破垭口的马蹄；追随着三姐妹，完成命运的迁徙；深入冬日的可可西里，看藏羚羊的卫士用生命守护圣洁的土地；北上大兴安岭，寻觅牧民赶着驯鹿往来的足迹。他们去黄海的孤岛，和黑尾鸥待上七年；又远足南疆，与大地的奇观共勉。罗布泊遮天蔽日的石棉，无法迷住他们的眼睛。这些属于时代的印记，蕴藏在远行的故事里，年复一年，带着勇者与生俱来的本能，坚守得渺无声息。
>
> 他们让我们牢记，那曾经让人咬碎钢牙、潸然泪下的场景，要听得懂动物言语；顶住风霜雨雪，攀登悬崖峭壁，要和时间赛跑，与死亡同行；这些片段凝结成一种精神，被称为纪录的真谛。
>
> 普通的行者也许永远无法睡入这些守望者的梦里，他们为梦而生，忠于内心真实的自己。你可以把他们看作是疯子，却也无法否认他们也是奇迹。因为他们抬头看到的每一个日月星辰，都会被煅烧成

一种影像文明。这些坚定不移的光影，不仅是时间线上的点点滴滴，更是他们在那了无人知的岁月里，存在过的证据。尽管他们没有改变世界，但却为世界的每一处改变做证明，他们用心铭记历史，因此他们也会被历史永远铭记，在一次次日出与日落间，接受时光对他们和远行的致敬。

这个短片以致敬的诉求为指引，寻找并运用了一个核心词汇“远行”。远行是一种行路的状态，是一次脚踏大地、面向远方的行动。“远行”这个词组，一是强调目标的“远”，一是呈现动作的“行”。

这里的“远”，其实是有多重含义。首先，“远”喻指的是纪录片拍摄时间长。纪录片的拍摄周期往往比一般的电视节目长，有的纪录片甚至需要几年、十几年的拍摄周期。时间考验着纪录片人的耐力。其次，“远”也指地域的广阔。由于纪录片体裁的丰富性，纪录片人往往不是集中在一地，而是脱离平时自己生活的小圈子，进入一个完全不了解的世界，这个世界有时是偏远的、孤寂的。这考验着纪录片人的坚守。最后，“远”指的是任重道远。纪录片人是社会的记录者，同时也是历史的书写者。可以说，纪录片人肩负的是记录时代的责任。

“行”，同样也有多重阐释。首先，“行”是一种在路上的状态，即对于目标的追寻。其次，“行”也包含了一种脚踏实地的态度。在远行的过程中会遇到各式各样的艰难险阻，必须通过脚踏实地、坚持不懈的努力方可实现目标。最后，“行”可延伸成为“践行”之意，即对于自身信仰实现的过程。

由此我们可以看到，此短片运用“远行”这个词作为全片的主题，将纪录片人的精神外化出来，完成了升华式的修辞处理。

应该说，节目的标题是节目整体基调的第一表达，能够提纲挈领地将创作者的意图表现出来。因此，在标题勘定的过程中，我们需要对整体立意有清晰的把控，然后再通过文辞的遴选获得最佳的表述。

（二）设定逻辑线索，形成篇章结构

结构指各个部分的搭配和安排。电视节目是一个有机整体，有开头、中间、过渡、高潮、结尾等不同部分，因此，电视写作要有一定结构与顺序。电视写作通过设定线索,围绕主题的材料进行排列组合,通过某种逻辑联系起来,形成结构。

以纪录片《香港十年》为例,该片展现了香港回归十周年来的发展与变化。该片的立意,正是希望通过影像来展示香港的发展与变迁,来展示香港践行"一国两制"的构想并逐渐实现的全过程。可以说,这十年中,香港有很大的变化,但同时又按照当时的承诺,保留了很多原有的东西。"变与不变",成为纪录片《香港十年》的主题。围绕这个主题,纪录片形成了其独有的结构,以《十年见证》《历练之路》《和谐共处》《活力充沛》《我的中国人》《血脉相连》《背靠祖国》《龙腾香港》形成了八集的篇章。

(三)弥补画面不足,完善电视形象报道

电视所要报道的人或事,都处于一定的历史文化环境和社会背景中。随着人对世界的认识不断深化,观众不满足于对表面形象的认知,在接受和感知画面形象的同时,还希望进一步了解相关背景和信息,而由于画面的先天局限性,许多需要传达的信息难以传达到位,从而无法满足观众的全部需求。比如,记者拍摄到这样一个十分感人的场面:久别重逢的人们抱头痛哭(图 3—1)。其中画面无法表达的信息,必须由文字语言来弥补。

再者,电视观众,由于其职业、经历和视野的不同,他们对画面形象的理解不尽相同。因此,完全依赖画面形象传达创作者的意图,显然会产生许多解读的障碍。这就需要借助文字语言的力量、其准确表达意图的能力以及抽象概括的能力,克服画面的种种局限,完善电视的形象报道。

文字语言的补充,可以完成对所报道事件基本事实的陈述,对于画面传达不充分、不准确、不清楚的地方给予必要的补充、说明和解释,对于画面无法直接传达的而又不可或缺的信息,尤其是那些比较抽象的问题,利用文字语言,给予充分的说明,借以提高信息传递的精确度。这种补充作用主要体现在以下几个方面:

图 3-1 重逢

1. 对事件发生的历史背景、时代背景和社会环境的总体介绍。

大背景和大时代蕴含着许多复杂的因素和曲折的进程，用电视画面逐一交代几乎不可能，只能借助文字语言进行概括和抽象，表达出总体的时代氛围和历史的剪影。尽管我们也熟悉一些具有标志性的符号画面，如当年许多热血青年投奔延安，在黄土高原的山坳中行进的镜头；“文革”期间的红卫兵“破四旧”砸路牌，在汽车上撒传单的镜头；当年大批知识青年上山下乡，车站送别的镜头，这些都是一个时代的标志性的画面形象。但是这种符号性画面需要观众相当熟悉，自觉调动他们的回忆和积累，需要观众主动积极地配合。而对于这些画面资料不甚熟悉、没有相应的经验积累、被动接受和欣赏的观众来说，仅仅通过这些画面自身，很难感受、了解当时的时代背景。比如去韩国旅游的人在“三八线”留影的场景(见图 3-2)，对于青年人、国外的观众以及不了解这段历史的观众来说，理解起来就会有一定的困难。

《让历史告诉未来》一片谈到“三八线”时这样介绍：

图 3-2　“三八线”留影

（画面上是朝鲜板门店的外景。）

板门店，为朝鲜战争画了一个句号。但同时又从这里，把朝鲜国土、朝鲜民族分割为两半。

“三八线”从这房子中间穿过，桌上的几根电线，就是这所房子里不可逾越的军事分界线，为了这条线，美国等十六国军队和南朝鲜军队的一百零九万人死伤在这片土地上。三十七万中国人民的优秀儿女，在这里流血牺牲。

又比如，对于2000年中央电视台重点播出的电视连续剧《钢铁是怎样炼成的》，中学生理解起来就会有很大的困难，他们对八十年前乌克兰和波兰交界的那个小镇上发生的一切以及那种纷纭复杂的时代背景无法通过画面形象产生深刻的理解。

没有任何一个画面能够准确说明、高度概括一个时代。画面只能反映有限的局部、具体的场景或人物，无法涵盖和浓缩一个时代。像“虎踞龙盘今胜昔，天翻地覆慨而慷”这样的历史变迁，只能借助解说语言的高度概括和高度浓缩来实现。

比如,《人民必胜》这部专题片介绍第二次世界大战的背景,解说是这样的:

(画面上是欧洲城市中的人群在奔跑,法国巴黎的外景,墨索里尼和希特勒上台的资料。)

1918 年,第一次世界大战结束了。然而,四年零三个月的拼杀,一千万人的死亡,两千二百万人的伤残,并没有给世界人民带来永久的和平。

1919 年的巴黎和会,成为帝国主义争夺世界霸权的又一种形式。英、法、美、日等战胜国利用德国被战败的机会,掠夺德国,以自己的实力重新瓜分世界;战败的德国,要为自己的失败复仇。帝国主义各国之间的矛盾进一步加剧了。

1929 年至 1931 年全球性的资本主义经济危机,造成资本主义各国国内矛盾的空前激化。垄断的资产阶级为摆脱政治、经济危机,加强了对国家的直接控制。德国、意大利、日本企图在战争中寻找摆脱危机的出路。就这样,墨索里尼首先上台,在意大利建立了代表垄断资产阶级利益的、公开的、赤裸裸的法西斯专政。紧接着,希特勒在德国戴上国家元首的桂冠,独揽大权,建立了法西斯专政的国家——德意志第三帝国。

两次世界大战之间,那种纷纭复杂的国际关系背景,单靠画面无论如何是难以向观众交代清楚的。

单纯的形象画面难以揭示背后深刻的时代背景,难以容纳巨大的历史内涵。即便是对于极具标志性的画面符号,观众如果没有相应的经验积累,也依然无法领会其中的内涵。因此,文字语言说明是十分必要的补充。

2. 对新闻事件各个要素的介绍、对人物关系和事件各方面联系的介绍,都需要文字语言实现

纪录片《中国冠军录——容国团》在介绍第 26 届世界乒乓球锦标赛的情况时有这样一段解说:

1961 年 4 月，第 26 届世界乒乓球锦标赛在中国首都北京举行。这是新中国建立以来，举行的规模最大的国际性体育盛会。党和国家领导人，全国人民都对中国乒乓球队寄予了很大的希望。容国团知道自己肩上的担子有多重，男子团体决赛在中国队和连续五次夺得世界冠军的日本队之间举行。

中国队先失两分，面临险境，关键的一场容国团迎战日本队主力队员新野展明。

电视画面只能反映具体的场景氛围，对事件发生的具体时间、新闻人物的姓名和关系、事件的背景联系等不可或缺的重要信息很难逐一展现。

仅仅依赖画面的形象报道，显然无法满足观众对信息了解的全部需求。即便是对于画面感极强的新闻报道，如美国航天飞机“挑战者号”升空爆炸，观众通过电视直播画面目睹了悲剧的全过程，但是，他们还迫切想要了解事故发生的原因、具体损失伤状况、宇航员亲属的反应等，这些都是画面难以全面报道的，必须通过解说加以补充。

3. 解说可调动观众的再造想象，使他们从无限的画面中感受到更丰富的内容存在，以充实画面形象，弥补现有画面形象的不足

对于过去发生的事情，电视镜头无法捕捉到当时的场面，画面无法完整再现当时的情境，但有时又必须对此进行报道。通常我们采用的方法是用空间表现时间。在现有的空间画面上，解说可调动观众的想象，使他们在脑海中感受有形形象的存在，这是一种“显影”的方式。现有画面就如同一张底片，解说词就是显影液，在现有画面的启发下，把画面上未出现的形象用解说作为补充，形成空间和时间的交融，为现实空间刻下历史的痕迹。

在电视片《井冈抒怀》一组镜头中，井冈山上的一条无名小道被层层荒草覆盖着，若隐若现，弯弯曲曲伸向远方。以这组画面为基础展开了以下解说：

在这崇山峻岭中，一条荒芜的小径出现在我们的面前。它牵动着我们的双眼，也牵动着我的心。透过那层层的荒草，我仿佛看到了红军留下的脚印，仿佛听到了红军前进的足音。是的，革命正是从这崎

> 岖的小路走上了胜利的坦途。

画面上没有当年的红军，也看不到脚印，听不到足音。然而，通过解说，观众仿佛从眼前的画面看到当年身披斗笠、脚穿草鞋的工农红军的形象，感受到“子弟兵，别故乡”的依依惜别的感人场面。

《失落的文明——罗马：最后的帝国》一片反映当年古罗马斗兽场的废墟时，解说这样介绍：

> 在罗马城的中心，有座人间地狱——一个剧场展示了罗马帝国征服世界的阴暗的一面。
>
> 那些服装、演员和道具都是真实的。如同来自地狱的演员，罗马帝国的角斗士登上血腥的舞台，庆祝这个最后帝国的荣光。
>
> ……
>
> 想象一下这种情景吧，所有的人都来了。宫廷卫士们进来时，大家都站起来。皇帝进来了，人们欢呼雀跃。
>
> 进行如此奢华的表演时，皇帝不能容忍任何人出差错。如果一场比赛中，舞台工人弄坏了背景，皇帝就会命令将他们杀死在竞技场上。这种表演是全天候的。早晨把囚犯喂给野兽吃。

许多观众熟悉古罗马斗兽场的废墟画面，但当年的情景却无法再现。解说可以调动观众的经验积累，让观众把过去看电影、电视剧、图片、历史、小说获得的各种印象重新整合梳理，再结合眼前的空间画面，激发其积极的再造想象活动，让惊人的历史场面呈现出来。

当然，这种“显影”的方式必须注意一点：解说陈述的现象一定是已经发生、曾经出现过的，不能凭空杜撰、随意发挥。这种解说展开方式运用得相当普遍，尤其是利用现有的空间环境作为背景，陈述同一空间场景中过去发生的事情。尽管时光不能倒流，事件过程无法补拍，但通过解说的“显影”，可以较好地弥补画面形象的欠缺，而且只要解说同画面配合得当，营造出适当的氛围，观众是乐于接受的。尽管“黄鹤一去不复返”，而在“白云千载空悠悠”的画面上解说依然有“忆往昔，峥嵘岁月稠”的空间，可以充分调动观众的经验积累，使观众从无形的画面中感受到有形事物的存在。

(四)整合画面信息,创造明确的指示关系

电视写作的另一项重要功能,是对处于无序状态的画面信息进行必要的整合,为具有多种解释可能性的画面创造一种明确的指示关系。解说尽量排除种种个人选择性因素的干扰,缩小创作意图和观众接受程度之间的差距,为观众解读画面提供一个顺利的渠道,使画面传递的信息更加准确。

画面传达的形象信息往往具有很大的含混性。画面对信息的选择、强调和突出作用并不十分精确。这就需要通过解说用明确的语言,对无序的画面进行梳理;用提炼和集中的方式,对庞杂的画面信息进行选择,简洁、明快地突出、强调关键信息和导向。

1. 放大画面的信息点,强调、突出关键性细节。

一些同主题有关的重点细节,可能在整个画面上并不是特别抢眼,也不一定处于画面构图的中心,往往不被观众所留意,但它可能是一个相当重要的信息点。这就需要借助解说,将其放大、凸显出来,引起观众的关注,从而使其发挥出应有的作用,更有力地服务于主题。

同样以《井冈抒怀》这部作品为例,在全片的结尾处有一组革命烈士纪念碑的镜头,整个墓碑处于画面构图的中心,观众的视觉注意力也都集中在墓碑上。如果没有解说的提示,观众很难注意到其中一座墓碑前有几朵小小的野花在风中摇曳,解说词的作者捕捉到了这个细节。于是,为这组画面作了如下的解说:“井冈的风,把花种播在那碑前;井冈的雨,把花儿精心地浇灌。就是这井冈的风,井冈的雨,为我们的无名烈士编织了一项永生的花冠。”几朵貌不惊人的野花,通过解说的突出、强调,仿佛获得了神奇的光芒,同主题之间形成了有机的情感沟通与内在联系,同眼前的主体画面形象交相辉映,大大深化了画面的内在意蕴。

作为“一次过”的艺术信息,电视画面又转瞬即逝。对关键的信息加以放大,对隐蔽的信息加以突出,对看似寻常的细节加以巧妙利用和点化,是展开解说的重要技巧之一。如图 3-3 中,空旷的房间里只有几本用来垫起君子兰花的

图 3-3　书上君子兰

书，使君子兰能最大限度地享受阳光的照射。这样一个画面将幕后主人公爱书、爱花的兴趣爱好表露无遗。

在《半个世纪的爱》一片中，有许多观众不易留意的画面细节，由于解说词的指点，引起了观众的注意。这些不起眼的细节成为表现主题、调动观众情感活动的重要因素。比如下面这些段落：

（画面上是孔罗荪先生家中门庭上悬挂的小风铃，因为是平常的居家饰物，观众不会在意，解说把它捕捉到了。）

门庭上的风铃叮叮当当地响了起来。我们有些奇怪，风铃为什么要挂在那里呢？孔老告诉我们，是要挂在那儿，因为只要老伴在屋子里一走动，它就会响起来。它一响，我心里就踏实了。

画面是纪念会上孙老在唱歌，耳背的夫人戴着助听器在聆听。助听器的耳机线细若游丝，在画面上一闪而过，但解说词把它抓住并放大了：

这支“金婚曲”是老人自编自唱的。当他写完这支歌时，他首先唱给了老伴。一支曲子唱出了两个老人的心声，助听器上一根细细的线，连着两颗老人的心。

在表现末代皇帝溥仪的妹妹金蕊秀由昔日的王公贵族变为平民百姓时，有这样两个细节：

一切都过去了，如过眼烟云。只有这张小小的茶几成了他们过去生活的唯一见证。

他们在煎饺子，那油，倒得也极为俭省。

在许多优秀的作品中，类似的例子还有很多。解说的捕捉和强调，使画面中寻常的生活细节发出了神奇的色彩，使画面的意境得以升华。

在一部拍摄内蒙古鄂尔多斯无名烈士纪念碑的专题片中，画面从各个不同的角度表现纪念碑的造型。“鄂尔多斯的白云呐，悠悠千载，织成万丈洁白的哈达，敬献在烈士纪念碑前。”当这样的解说出现时，蓝天上丝丝缕缕飘浮的白云，呈现得格外圣洁、肃穆。由于解说的巧妙联系，白云的形象与主题所需要的内在意蕴融为一体，形成了极富象征意义的意境。

2. 对无序的画面信息进行整合，对多义的画面指向进行规定和引导

在纪录片和纪实性专题片中，一些未经剪辑的纪实长镜头画面包含多种信息和多重指向。因此，为了准确传达编导的意图，避免歧义、误解，需要通过解说表达明确的特点，对画面进行必要的整合梳理。

比如，在《半个世纪的爱》中，记者在采访京城一对老年夫妇之后有一段长镜头，镜头在老人居住的小院中左拐右转，摇摇晃晃，最后移向小院的大门，继续向前推进。这时，有几个放学的孩子从门口走过，完全是无意当中闯进画面的孩子。这部片子原本是反映老人生活的，跟孩子没有什么关系，由于画面的真实记录，并未刻意去突出这些孩子，观众也不会特别注意。但解说词却巧妙地利用了这些孩子，根据主题需要对画面进行了整合：

> 胡同里的孩子放学了，蹦蹦跳跳的。一个小女孩，她忘记跟同学们打招呼了。当然，她不会特别关注对门院里的这一对老人，更不会想到老人也曾经蹦跳着走过和她一样的童年。

这样的解说，一下子使孩子同老人之间产生了有机的联系。老人曾经走过和孩子一样的童年，孩子也总有一天会变成老人。解说把画面蕴藏的那种生命的轮回交替、生活的沧桑巨变揭示得动人而深刻。看似无序的画面、表面无关的细节，在解说的梳理下使观众的散乱感受随着一脉相连的情感潮水，顺利地流向编导设定的渠道。

在一些纷乱嘈杂的场面中，信息含量特别丰富，画面的指向很不明确，任何一个画面形象或细节都可能引发不同观众的不同感受。那么怎样根据主题的

需要，选择最有力的方式，对画面信息进行筛选呢？我们看下面的一段画面：

画面是北京月坛公园中熙熙攘攘的人流，其中多数是老年人，神态各异。透过嘈杂的人群缝隙，一队身着红衣的老人随着音乐的节奏，在阳光下翩翩起舞。在如此纷乱无序的画面中，需要选择一定的对象对场面进行梳理。解说在这里瞄准了耀眼的“红色衣服”展开：

> 我们总以为，人到了老年，尘埃落定，纷争远去，他们的生活也不再有更多的色彩了。其实，老年人对颜色更有自己的偏爱，特别是他们从各自的院落里走出来，走到了一起，在秋天的阳光下，在大庭广众前，面对着老兄弟、老姐妹展现自己的时候，他们希望自己能有些个光彩。

解说对色彩的捕捉和强调，在这里起到了整合画面的巧妙作用。

画面的多释性特点，屏幕前观众立场观点、水平层次、经验感受的差异，使得仅仅通过画面准确传达创作意图显得十分困难。因此利用解说语言准确性的特点，对关键的画面信息进行定向和引导是必要的。

没有解说定向的中性画面，常常由于其多释的指向和画面的含混被不同立场调动阐释者所利用。他们从各自特定的角度观察画面，得出截然相反的结论，作出迥然不同的说明。比如我们从各国媒体对北约攻打伊拉克的战争、科索沃战争、阿以冲突、俄罗斯围剿车臣叛军的场面的报道中看到的电视画面并无太大差别，但是我们听到的解释却各不相同。

画面报道的客观公正不仅可以通过不同的剪辑处理作出主观的选择，更可以通过解说，提供观众不同的解读方法，得出不同的结论，产生不同的影响。

应该说，解说明确的指向性是一把“双刃剑”，一方面它为观众理解画面提供了必要的帮助，另一方面它也限制了观众自由感受的空间；一方面它避免了误解和歧见引起的负面效应，另一方面也容易被肆意歪曲或主观操纵。无论人们在理论上如何排斥这种主观的介入，但在创作实践中很少有人彻底舍弃这种方法。因此，适当而准确地利用解说，以画面的真实性为基础，对无序和散乱的画面进行必要的整合，顺利传达编导的创作意图，是合理使用解说的重要原则。

（五）挖掘画面内涵，丰富画面的表现力

画面具有转瞬即逝"一次过"的特点。观众对画面表现的生活，尤其对那些司空见惯的形象，总习惯于用先前的经验做出简单的理解。这就容易使他们陷入表面形象的束缚之中，需要借助解说特有的抽象概括能力，深入挖掘画面的内涵，帮助其加深对画面的理解，由"熟知"变为"真知"，由表面走向深入，真正领悟作者的意图。

观众受到各自主观条件的影响，对电视作品体验的深度会有所不同。电视作品影响观众的一个重要方面，就是要尽可能深化观众的感情体验，使观众对眼前的画面形象有深入的理解。理解与感受是互相促进的，"只有理解了的东西才能更深刻地感受它"。理解越深入，感受才会越强烈。艺术感受与深入理解应该彼此渗透，相互促进、相互引导而又相互制约。

人们如果不能利用一定的社会生活经验、政治文化常识，对表面的社会现象做出必要的选择、判断和剖析，其所谓的艺术感受，只不过是一些支离破碎、肤浅模糊的印象而已。如果一味排斥语言的作用，只是片面地追求所谓的形象感受，这种感受也只是表面的。解说的介入可以起到强化感受、挖掘内涵、揭示主题的作用，可以将形象的画面感受与深入的理解有机结合起来。

心理学上的理解就是指通过把握事物之间的内在联系来认识新事物的过程。理解表现为不同的水平，而最高水平的理解，就是运用抽象思维，总结、概括事物间的内在联系，从而认识事物的本质。而事物间的内在联系，受到时间、空间以及对象表现程度的限制，很难完全由画面揭示出来。这就需要解说以高度精练的语言加以说明，对各种不同水平的感受进行引导，帮助观众深入理解主题，使观众在欣赏的过程中由浅入深、由表及里、由此及彼，全面、深入地感受作品的全部思想和美学价值，得到更多的收益。

《半个世纪的爱》中有这样一组画面：一对老夫妇在锻炼完身体之后，拿出暖壶、茶杯，倒上水后，互相递送，你一口我一口喝完，慢慢蹬车离去。解说这样写道：

他们带的东西很全，显示了他们对生活的一种信心和专注。对于

> 幸福的体验，更多地表现在生活的细节中，一杯茶水、一句温馨的话语，常常更能让人感觉出爱的情意来。而有时候我们却容易忽略生活中一些细小的东西，这也使我们生命的整个过程失去许多享受幸福的机会。

一个最平凡不过的生活细节，通过解说的挖掘，使画面形象中蕴含的生活哲理得以显现。这种体验与回味，大大提升了画面的表现力，使观众的感受更加强烈和深入。同样，在表现王尚荣将军夫妇的生活时有这样一个片断：瘫痪的将军坐在轮椅上，眼睛仅有一点光感的夫人推着他在院子里散步。解说这样介绍：

> 每天都是这样，夫人推着将军在院子里转悠。十年了，天天如此。将军的眼睛还能看见，夫人的腿脚也还能走动，于是，夫妇两人都有了能看路的眼睛和会走路的脚。

画面中老夫妇相互扶持的形象，通过解说的升华，把那种相濡以沫、白头偕老的精神揭示得感人至深，使画面内涵得到了充分的展现。

编导在进行画面编辑时，其剪辑处理和画面组接、画面的空间转移和时间的跨越都有一定的创作意图。然而，观众往往只能感觉到时空的外部接近或跨越，对于这种剪辑或组接的内在联系，一般很难直接感受得到。有这样两组画面的组接：

一组是在修建“引滦入津”工程中，部分解放军指战员献出了宝贵的生命，天津人民为牺牲的烈士建起了一座庄严的纪念碑；紧接的一组画面是清代的皇陵清东陵的建筑。两组画面的组接，如果从表面来看只是地理位置的接近，而画面这样组接的内在联系则需要通过解说加以揭示：

> 七百万天津人民没有忘记在这里牺牲的军人，他们将千秋万代守候着滦水南流。离他们不远处，正是清东陵。帝王们都想万岁、万万岁，然而，谁才是真正不朽的呢？

解说揭示了画面组接的深刻内涵，有力地表明了作者的编辑意图，大大强化了观众对直观画面的感受和理解。尤其是最后一句带有哲理性的问话，使观众的思维空间进一步扩展、深化，成功地突出了作品的主题。

画面具有多释性的特点，同时也就具有了可塑性。同一画面，如果出现在不同的题材和语言环境中，完全可以为不同的主题服务。例如，同样是杨贵妃的胖，可以塑造为丰满润泽的可爱，也可以塑造为臃肿笨拙的厌恶。

又如，在《竹——说竹论美》专题片中有这样几组画面：老人拄着竹杖，婴儿乘坐竹车，农民挑着竹担，船工撑着竹篙，以及门上的竹帘、头顶的竹笠、睡眠的竹榻等。作者可以根据不同的主题需要，从不同的角度塑造"竹"的形象。既可以从其使用价值解释它的各种用途，也可以从商业角度介绍它的经济效益，还可以借物咏志抒情，通过对其品质和情操的赞美陶冶、美化人的心灵。当然在特定的环境中也可以反其道而行之，塑造为"嘴尖皮厚腹中空"的贬抑形象。

需要注意的是，画面的可塑性只是相对的。所谓相对，主要指画面自身有一定的客观规定性，不能完全脱离画面形象可能涵盖的范围，漫无边际地随意拉扯，彻底背离形象的文化积淀和观众的审美习惯。如果重新塑造，必须营造有充分说服力的语言环境。

专题片《迎接挑战》中有一幅交通安全标语的画面，本来是应该正面理解的形象，但是，为了表现新时代对人们固有的时间观念的冲击，就把它作为带有讽刺意味的形象利用起来，也起到了很好的宣传效果：

> 但是，并非所有的人都知道时间计量法的变化，多么令人遗憾！"一慢二看三通过"这句交通安全口号，竟成了某些人时代观和时间观的绝妙写照。难怪某部门引进一套设备，竟用了 1234 天，某地一个拆迁征地的文件，竟盖了 368 个公章。

画面形象很难直接揭示富有哲理性的主题，而某些场点、细节、道具本身又蕴藏丰富的内涵，在这种情况下，解说的挖掘会起到披沙拣金的作用。在《庐山——别墅春秋》一片中，对庐山的美庐别墅有这样一段解说：

> 1949 年 9 月 30 日，蒋介石站起来，走了。1949 年 10 月 1 日，毛泽东走进来，坐下了。当年蒋介石得到美庐正好是 8 月 8 日。"8""8"，

> 发发。他没有发起来，却弃庐而去。美庐的新主人是毛泽东，他上庐山，多次住在美庐。外国有句谚语说，每个人都是自己命运的建筑师。蒋介石、毛泽东在同一所房子里建筑了他们完全不同的命运。

这是一段意味深长的解说，历史的物是人非、命运的沧桑巨变，在这里得到了充分的展示。

形象生动的电视画面，在展现生活、记录过程、刻画细节方面有得天独厚的优势。然而，画面对生活的概括、抽象能力就显得力不从心。电视节目中有许多需要传达的间接信息，特别是那些哲理性、思辨性极强的信息，很难通过人的感觉器官直接感知。因此，在提炼作品的主题、深入挖掘画面的内涵、揭示事物的内在联系方面，解说有着不可替代的作用。

(六)调动观众的想象和联想

电视解说词应能够调动起观众的主动性和参与性，令其结合画面进行积极的想象和联想，这样才能为观众的思维开拓更广阔的空间。

解说语言虽然没有形象性，但可以结合画面，通过接近联想、相似联想、对比联想、关系联想等方式，充分调动观众的积累经验和表象记忆，唤起观众的形象感。

创作者创作解说词时，可以结合眼前既有的画面形象，通过解说语言的启发和调动能力，引发观众的想象和联想，使其获得新的形象感受。形象感的获得，主要是观众通过解说进行再造想象的结果。因此，成功的解说必须抓住画面的形象特征，通过“隔层同视”的方式，巧妙运用语言的启发能力，扩展观众眼前的画面。

在《让历史告诉未来》中有这样一组镜头：青藏高原的一段公路上，横亘着一块巨大的岩石。解说是这样介绍的：

> 1975 年，这里发生了一次大滑坡，10 位坚守着自己岗位的年轻汽车兵被滑动的山体掩埋了，他们的身躯从此和山崖紧紧铸合在一起。大山从此有了灵魂。每当过往的汽车兵看见它，就像看见 10 位战友永存的微笑。

画面上没有汽车兵，也没有微笑，只有一块没有生命的巨石，但观众在解说的引导下，结合眼前的画面，会形成一种主动的想象，调动自己以往的经验积累，感受当年的情景，在想象中引发积极的人生思考。

解说词的作用就是营造一种适当的语言氛围，创造一种触发情绪的环境，引起观众的情感共鸣。要能引发观众此时此刻的联想，解说的语言表述就要有一定的启发性和诱导性，牢牢把握观众的心理趋向，给他们挖出一条通往想象空间的渠道，留出充分思考的天地。

在《国庆趣话》中，游行彩车上有一个大娃娃的模型，解说这样写道：

> 农村的新媳妇们会紧紧盯住这个大娃娃本身。她们肯定会仔细琢磨它，为的是弄明白到底是男孩还是女孩儿。毫无疑问，她们中间的许多人希望这是个男孩子。她们相信在一些地方仍旧流传着的古老神话，多看男孩就会生男孩子，多看女孩儿就会生女孩子。有这种想法的新媳妇们肯定要白费力气了。因为设计者故意做了个模棱两可的大娃娃。说它是男孩儿女孩儿都可以。

如果说观众的感觉是自由流淌的水，解说就是渠道或河床。解说尽可能循着一般观众的思路，设计出渠道合理而自然的流向。在渠道的引领下，观众的想象力会被奔腾汹涌地激发起来。

由于语言本身不具有形象性，所以片面追求华丽的语句是有害无益的，即把大量华而不实的辞藻堆积起来，试图煽动观众的情绪，反而会限制和破坏观众的主观想象力，因为在词语的泛滥中，观众往往难以得到清晰而准确的自我感受。

解说的技巧在于借助语言的准确性，诱导观众进行想象，使观众不由自主地对眼前的画面形象进行加工改造，形成全新的视听感受。比如在图 3-4 中，我们很难看出那位老师傅多年来坚持义务送水到科研第一线的内容。这时解说可利用画面的感染力稍加引导，使观众很快地进入特定环境，产生情感共鸣，在逻辑思维的渗透、配合、引导下，展开主动的形象思维活动。解说词的作者需要精心选择恰当的词语和组合方式，把对画面的理解用语言定向同相应的画面紧密交织、彼此融合，产生相得益彰的效果。语言的运用反映作者对画面的感受与理解的水平和对生活的思考深度。

图 3-4 大碗茶

用准确的语言揭示画面形象的特征，只要诱导得法，观众是乐于配合的，甚至会感谢和佩服解说的启发，为他们心中积蓄的思考寻找到合适的载体而激动不已。

1984 年是奥运之年，全国当时兴起了一股运动服装热，中小学校都选择运动服作为校服。这本来是人们生活观念发生变化、开始追求多样化的现象。但在改革开放初期，由于传统习惯的影响，没有上级的规定和命令，许多学校不约而同地选择了蓝色的运动服作为校服。结果，大街小巷到处是身穿蓝色运动服的孩子。电视片《北京运动服装一瞥》在这样的画面出现时进行了如下解说：

> 不过，孩子们的运动衣差不多都是蓝色的。据说，这同老师的要求和服装设计师的设计有关。无论如何，当诗人赞美孩子们像鲜花一样的时候，他们当然没有想到，在老师们和运动服装设计师们看来，这

> 些花都应该是蓝色的。蓝色,曾经是一种有名的历史的色彩,它总是使人想起一律穿蓝色人民装的那段不愉快的往事。可以说,孩子们身上一半表现着过去,一半表现着未来。

这样的解说,引发观众联想的作用是难以估量的。它使观众由眼前的蓝色运动服一直联想到过去那个“蓝蚂蚁”的年代,那个扼杀个性的“大一统”的年代。由此引发的种种社会、政治、历史、文化的思索,远远超出作品主题的内涵。它完全以眼前的画面作为展开联想的支点,捕捉之准确、引导之得法,值得称道。观众会感谢这样的解说对他们的启示,给了他们欣赏时思考和情感共鸣的愉悦。

因此,解说应当在通过事物的表象特征启发观众的想象和联想方面下功夫,为观众的想象空间提供必要的逻辑依据,借助语言诉诸观众的听觉,把凝聚在镜头间的深刻含义用简洁的语言点明。观众在接受听觉信息时,自觉地同眼前的视觉信息相联系,从而引发对与之有关的事物的联想。这时再加以简洁的解说引导,将观众的感受由狭义引向广义,从局部引向全局,由浅入深、由表及里、由此及彼、举一反三,达到“以一斑而窥全豹”的效果。

以有限表现无限,是艺术创作的重要技巧之一。电视节目的时间有限、篇幅有限,而观众的想象空间则无限广阔。解说可以通过有限的语言,让观众去想象画面之外的“象外之象,景外之景”。特别是那些不宜表达、不好表达的地方,可以通过启发观众的主动联想,做到“状难写之景如在目前,含不尽之意见于言外”,产生言有尽而意无穷的效果。这是电视解说的一个重要技巧,即为观众留下充分自我想象的天地,使许多不便明言的意思、不好直言的感受通过观众的联想获得,既含蓄节制,又韵味无穷。

联想往往具有跳跃性思维的特点。跳跃性大的联想,把表面上彼此无关的事物联系起来,可以揭示出一种普遍的人生哲理。如果彼此之间的距离太接近,这种联想思考的空间过于狭小,便没有什么意义;但如果彼此的距离过大,过于离奇,虽然作者个人心里明白,却未必能引发观众相应的共鸣,无法顺利地建立联系,也难以形成有效的联想效果。所以,一定要通过解说点明被联想事物的接近点,构成事物彼此间暂时的联系,为观众铺设一座联想的桥梁。

《话说长江》在介绍宜宾市时，有这样一段解说：

> 是的，宜宾不太出名，然而宜宾生产的“五粮液”可是中国的八大名酒之一。说起来并不奇怪，生活中常有这样的事，譬如一部故事片，扮演主角的演员，人们都能说得上来，但许多人都不知道这故事片的编剧是何许人！

从宜宾和“五粮液”的关系一下子联系到演员和编剧的关系，二者之间的跳跃性非常大，表面上似乎八竿子打不着，但解说巧妙地暗示出二者之间内在的生活逻辑。听了这样的解说，观众的联想油然而生，自然同生活中许多类似的现象联系起来。叱咤风云的幕前英雄和默默无闻的幕后英雄之间，出头露面的风头人物和无私奉献的培育者之间，揭示出一种普遍的人生哲理，进一步引发“一将功成万骨枯”的深沉思考。

再如，画面出现一场化装舞会的热烈场面时，配上了这样一段解说：

> 逢年过节，人们欢聚一堂，举行一次别开生面的化装舞会，无疑会给生活增添几分欢乐。但是假如一年 365 天，人们天天戴着假面一起工作，一道生活，那就不只是可怕和可憎了。

这样的解说，既自然，又深刻；既形象具体，又韵味无穷，为观众展开更丰富的联想设计了一个通畅的渠道，使具体与抽象、感觉与经验在观众头脑中进行“蒙太奇”式的对接，刺激观众内心世界的开启。耳目之类的外在感官，只能让人们接受相对较弱的视听快感、做出一般性的直接反应，而刺激人们的内在感觉、调动他们的经验积累，则可以产生一种特殊的美感享受。深层的心理体验比浅层的感情体验更加持久，也更为强烈。

观众在欣赏电视时那种跳跃性的思维，为他们的想象和联想提供了很大的可能。启示性的解说，可以使观众“视通万里，思接千载”，弥补他们生活经验的不足和感受理解能力的欠缺。解说可以通过联想、渲染、强化、对比等方法，有效扩大画面空间的容量，提高画面的表现力。

在《这山，这水，这人》一片中，画面上一个年轻的姑娘手捧一个水壶，想接一壶山泉水。解说这样写道:“她要接一壶泉水,送给谁呢?给妈妈带回,那是一片孝心;给朋友捎去,那是一片友情;如果赠给恋人,那又会别有一番滋味了。”解说丰富了画面的信息,渲染了画面的气氛,增添了画面的情趣,同时也活跃了观众的收视情绪。

这里需要提醒的是,千万注意避免不顾事物的具体特征,不考虑画面形象自身特点、牵强附会地政治性拔高,把本来不具备逻辑内涵的事物生硬比较,否则不仅不能引发预期的联想效果,反而会使观众感到莫名其妙,产生一定的逆反心理。

（七）连接画面,顺利过渡和转场

由于时间与空间的限制,电视画面不可能完整再现事件全部的原始过程,只能摘取其中若干片断进行蒙太奇组接。而要把彼此割断的画面顺利编辑起来,重新组成新的电视叙事结构,需要找到一种能够起到穿针引线作用的因素,使画面组接形成有序的逻辑联系。解说语言在电视各种构成要素中具有转换自如、易于拈连、高度概括的特点,这种逻辑串联任务往往由解说承担。

画面编辑需要场面的不断转换。尽管观众对画面的直接切换和陡然转场并不陌生,但如果这种转换过于突兀生硬,内在的逻辑因素又不够明显,再加上文化差异带来的隔阂,仍然会使观众产生读解的困难,使他们的欣赏情绪受到挫折。为了使作品层次和画面段落之间顺利过渡、转场,就需要一种弥合“跳接”和“隔断”痕迹的润滑剂,为观众创造畅达的语言环境。

进行画面编辑时,过渡、转场的技巧很多,可以通过景别、运动、色彩、细节来调整,尽量不使观众在视觉上产生“跳越”“隔断”的感觉。然而,由于篇幅和资料条件的限制,有时搜索完所有的素材也没有找到合适的过渡画面可用,只好采取“硬接”的方式强行切换。观众虽然可以接受这种方式,但视觉上毕竟显得不够流畅。为了消除这种“硬接”的痕迹,有时也可以通过音乐或音响在听觉上的联系进行过渡。譬如我们看过去一些革命历史题材的故事片中常常有这样熟悉的镜头:八路军武工队坐在老乡的炕头上,在一盏小油灯下同乡亲们促膝谈心,突然,村子里的狗叫了起来。狗一叫,下一个镜头就是鬼子进庄。在这里,狗叫声就是画面转换的过渡因素。

比较起来,利用解说作为过渡的因素更为灵活、便利。解说语言的拈连性、双关性,特别适宜营造一种承上启下的表述方式,使观众的注意力暂时由画面转移到解说上;之后,解说顺利地把观众带入下一段画面之中。

画面的概括能力一般较弱,语言则具有高度的抽象概括能力。解说可以用极其精练的语言概括前面的画面,然后利用语言转换自如的特点,迅速转换方向,引导观众进入下一段落画面的规定情景之中。这样既可以在一定程度上保留既有的形象感,又可以进行必要的提示和总结。

画面编辑往往需要寻找事物之间的相关性和联系性,找出画面连接的内在逻辑是否合理。解说要正确判断镜头切换的内在依据,并运用恰当的语言点明这种关系。

在《万里海疆》中有这样两组强行切换的镜头:前面是演员冯巩滔滔不绝地神侃他对大海的认识,最后说了一句"我今天说的话,也是两个字'海侃'"。画面随之定格;紧接着,切出了军舰上的旗语兵在甲板上打旗语的镜头。转场特别突兀,这时加进了这样的解说:"演员的话语风趣幽默,水兵的旗语神圣庄严。""话语"与"旗语"的拈连、排列整齐的对偶句形式,巧妙地消除了画面切换的痕迹,使过渡显得自然、顺畅。

尤其是在画面的不同段落之间,有时缺少必需的时间或空间上的联系,人物和事件表面上甚至毫不相关,但为了使全片的结构严谨、协调,段落转换的逻辑线索分明、合理,需要解说精心挖掘其中蕴藏的过渡因素,找到合适的沟通和衔接桥梁。

在《半个世纪的爱》中,前面的段落介绍京郊的一对普普通通的农民夫妇,下面的段落则是介绍末代皇帝溥仪的妹妹金蕊秀老人和她的老伴这对皇亲国戚的生活。在前一段画面结束时,解说这样写道:

> 他们生活的实实在在,而生活是不能做戏的,戏中人多半都是悲剧。电影《末代皇帝》大家都看过了,末代皇帝溥仪和他的妻子婉容的婚姻就是一场悲剧。可眼前这一对老人的婚姻却是恩爱和美的。

通过“实实在在”“不能做戏”“戏中人的悲剧”“末代皇帝的婚姻悲剧”这样一些语言的铺垫，顺利地把观众送入下一个段落。

其实，任何表面无关的段落和画面之间都会有过渡因素的存在，关键是会不会认真地寻找和巧妙地设计。我们可以从以下两个方面去寻找过渡因素。

首先，从前面的解说语言中寻找合适的语言因素，为后面段落的画面所借用。凭借词语在听觉上的关联，转换起来就比较自然。《让历史告诉未来》中有这样两个段落的连接：前面一段表现解放军培养“两用”人才，办了一些养殖场，生产自给；下面的段落是中国政府庄严宣布“百万大裁军”。这两个画面看似没有直接的联系，但在前面一段的解说中有这样的字眼：“一位美国将军在参观了部队办的养殖场后，一连说了三声‘不可思议’。”为了顺利地把观众的注意力转移到下面的段落，解说巧妙地利用了“不可思议”这个词的关联性，“或许更加令全世界不可思议的是，中国政府在一夜之间宣布把自己的军队减少一百万”。两件事情的共同点是“不可思议”；同一词汇在听觉上的拈连，不知不觉消除了画面连接的痕迹。

语言词汇中有许多非常多变的因素，是解说过渡可以灵活运用的。比如词语的多义性、双关性，以及谐音、借代、活用、改变词性等修辞方法，都可以用来设计合适的过渡语言。在专题片《佤族人》中前一组画面表现佤族人劳动生产的情景，下一组则反映他们的爱情生活。解说是这样处理的：“佤族人播下了幸福的种子。同时，另一种意义的播种也开始了。”这里解说借用了“播种”一词的双关含义，过渡得自然而风趣。

其次，还可以从画面内寻找过渡因素。在设计过渡语言时，需要认真观察画面，充分理解编辑意图，细心捕捉画面内某些造型因素，比如形态、动作、光线、色彩、细节等，都可以作为过渡因素使用。我们前面提到的《北京运动服装一瞥》中从眼前蓝色的校服到蓝色人民装的过渡，《半个世纪的爱》中从晨练老人甩手的动作到杨成武夫妇锻炼时划船的动作，分别用色彩和动作作为过渡元素，借助造型因素在两个段落中的关联，顺利实现画面的转接。因此，抓住画面内合理的转场因素设计解说，显得自然妥帖、浑然天成，不仅体现出编辑巧妙的匠心，还能给观众留下回味与联想的余韵。

为了画面段落之间的流畅，编辑常常需要通过一些中性的过渡画面转场。这些过渡画面没有明显的针对性，处理起来比较自由，辅以适当的解说，可以使过渡更加自然。这就需要解说具有一定的引导性。《南极——我们来了》这部纪录片介绍我国南极考察站建立的各种设施，如气象站、邮电局、职工食堂等。在介绍各个设施的画面之间使用了一个共同的过渡画面——一只站在礁石上东张西望的企鹅。解说这样写道：

“哦！这只企鹅似乎看到了什么？”看到了什么呢？原来是气象站的风向标在风中转动。接下来的画面自然把气象站的设施逐一介绍一遍，画面又回到企鹅。

“哦！它似乎又听到了什么？”听到了什么呢？这时出现邮电局的发报机发出的声音。随之画面将邮电局的设施介绍一番，画面再次回到企鹅。

“哦！它似乎又闻到了什么？”原来是闻到了食堂的饭菜散发出来的香味。这时画面自然把食堂的情况介绍一番。

这种中性的画面，经常作为空间转移的过渡；解说巧妙地利用和引导这些画面，使画面空间的衔接显得十分自然。

这里所举的都是外在形式比较明显的例子。其实，画面内有许多内在的逻辑因素可以用来设计解说、进行过渡。我们只需要细心观察、反复琢磨，就能避免生拉硬扯，做到自然妥帖，使观众顺利接受。

（八）直接抒发感情，阐述道理

尽管电视画面可以通过强调细节、展现过程、营造氛围的方式来表达情感，但这种表达只是间接的表达，需要观众通过一种体验去感受、理解。感情渲染需要体验，也需要表达。电视解说可以在特定的情景下直接表达感情。解说表达感情，一种是通过对感人细节的动情表述感染观众，一种是通过感情的直接抒发打动观众。我们看下面几段解说：

> 这是60多年前，一位年轻的母亲、中国共产党党员赵云霄，在长沙陆军监狱给襁褓中的女儿启明留下的一封信……
>
> 两天以后，母亲给小启明喂完最后一口奶，又舔去孩子嘴角的乳

汁就走上了刑场。小启明出生前四个月，她的父亲、湖南省委特派员陈觉已被枪杀于岳麓山下。而 5 年后，她寄予了无限希望的孩子，也幼年夭折，终没能长大成人。

朋友，请记住，是他们用血肉之躯把我们的民族带出地狱之门；是他们用拳拳之心，抹去了祖国母亲的凄凄眼泪。

——《世纪行》

李天焕将军回来了。他至死没有忘记这块火红的土地，将军临终前留下遗言，一定要把他的骨灰送回大别山……

洪学智将军回来了，因为他永远忘不了在那难忘的岁月中，倒在他身边甚至怀里的战友。

死去的回来了，活着的也回来了。是什么使他们魂牵梦绕，是什么使他们日夜思念？……

1934 年 11 月，乌云笼罩着大别山。坚守在这里的红二十五军几乎是靠野菜、草根度日的。

军政委吴焕先，当他无家可归的老母亲要饭来到军部时，母子相逢，除了深情的泪水外，再也没有什么了。母亲最理解儿子风餐露宿的一颗心，她悄悄离开了这里。这就是他们母子的最后相见，老人怕自己饿死的尸骨给儿子带来悲痛，她默默地死在了异乡的荒草中……

——《长征——生命的歌》

解说无论是叙述情节还是抒发感情，真所谓“字字血，声声泪”，深深打动着电视机前的观众。

讲述道理、解释政策，画面可以做形象的个例表现，让观众感悟到其中蕴含的道理。但是有些过于抽象或形象跨越幅度较大、画面表现起来比较烦琐的道理，可以通过解说直接点明。

（在失物招领处橱窗前）

这么多的贵重物品，说明有许多粗心人丢三落四，但更说明许多品德高尚的人拾金不昧。

（在《跃动的军魂》中，西去列车上唱歌的官兵）

年轻的官兵们在西去的列车上唱着“没有枪，没有炮，敌人给我们造……”，那是过去的歌，光荣的歌，我们不会忘记。然而，未来战争使用的核弹、火箭，我们无法再从敌人手中夺取，没有人给我们造。

讲述道理的解说显得更直接，也更加简洁。

在电视节目的创作中，解说是一种不可缺少、不可替代的手段，其使用方法是多方面的。完全取消解说，节目就成了片断画面的堆砌，缺乏内容间的必然逻辑和叙事的合理性，也难以清楚、准确地传达信息，难以深入、全面地提炼和突出主题。特别在强调细节、渲染气氛、介绍背景、压缩时空方面，解说有着不可替代的作用。总之，恰当而精彩的解说，会大大增强作品的艺术表现力，从而吸引更多的观众欣赏。

二、电视解说存在的意义和价值

声画关系在我国电视理论界一直是争讼不已的话题，其焦点集中在解说词的地位与作用上。其实，争论的双方都很清楚，画面作为电视的基础，地位绝对不可动摇，而任何人也不可能完全排斥和忽视解说的作用。争议的关键是想确定究竟是画面重要，还是解说重要。

双方都举出了许许多多的例子证明自身的重要性，而对方则是可有可无的，例证言之凿凿，都有一定的说服力。我们在本章中也列举了解说的各种功能，介绍了它在电视创作中的作用。但是，所有这一切都是电视解说的实用性和技术性的功能。创作者可以使用，也可以拒绝使用；可以用这种方式表述，也可以用其他的方式表述；可以通过解说表述得明确一些，也可以用画面表述得隐讳一些；可以畅达地传达意图，帮助观众理解，也可以含蓄地隐蔽主观，让观众自我感受。在创作实践中，没有一定之规。如果把这种具体的创作差异上升到理论，试图由此证明解说存在的必要与否，实在是缘木求鱼，永远不会达成共识。

电视解说存在的根本原因在于它的人类学和社会学的意义。正是由于这样的原因，电视节目中的解说不可能消除。解说语言将会始终伴随着人们欣赏电视的过程，时时在观众的耳朵里响起。解说的存在不只是电视节目本身的需要，也是观众生活的需要。

（一）“电视时代”保持理性思考的重要途径

电视是二十世纪人类最伟大的发明之一，它的传播系统和传播方式极大地改变了人类的生活方式。它不断冲击着人类传统的生活方式，建立了以电视为中心的新的生活规律和生活习俗。它冲击一切传统的艺术欣赏和娱乐休闲方式，建立了以电视为中心的艺术欣赏和娱乐休闲方式。同时，它也改变了人们的思维方式和感受生活的方式。

电视从诞生的那一天起，就不断受到尖锐的批评和诟病。

批评电视的最主要理由是电视欣赏是一种被动的接受，它使观众陷入视觉冲击的感性河流之中，使他们养成了惰性欣赏的习惯。日久天长，电视机前长大的一代人成了电视的奴隶，丧失了主动选择和理性思考的能力。电视使人们的主动性和创造性日益萎缩，使人们的理性思辨和逻辑思维能力逐渐削弱，使人们对生活的发现和自我感受能力逐渐丧失。电视提供着一切，引导着一切，操纵着一切，因而人们无须思考、无须发现、无须辨析，轻而易举就可以获得一切。

这种担忧不能说毫无道理，但也不必危言耸听，一味抵制回避是无济于事的。人类必然会在各种现代化生存的冲击下做出相应的调整，以适应各种新技术的挑战和生活方式的变化。

电视是视听结合的传播媒介。解说语言的不可或缺，绝不仅仅是电视节目自身的需要，也是人类自身生存与发展的需要。解说语言以其特有的理性和抽象色彩，不断提升着观众的理性思考、抽象概括、想象和联想能力，不断引导观众的主动性和参与性。在一定意义上，形式就是内容，解说形式本身就决定了它对人类感受生活、理解生活的态度。

解说不断受到某些专业人士的排斥，但依然在电视节目中挥之不去，其原因并非在于它在节目中的具体作用，而在于观众自身的发展需求。语言是人们思维和交流的主要工具。人类用语言思索，用语言归纳，用语言表达。语言使人类的思维不断深化、大脑不断进化、自身不断发展。人类的进步同语言的发育相伴相生。人类发展需要语言的不断演进和刺激。一个脱离了人类语言环境或长期缺乏语言交流的人，其智力退化、大脑萎缩、反应迟钝是不可避免的。

解说语言的不可或缺，是观众的自然需求。任何电视节目的编导都不能无视这种需求。尽管在某一个节目中可能没有解说的介入，完全依靠无声的画面或音乐播放，但假如一个频道的节目终日没有语言播出，对观众来说，这是无法接受的。

人类需要感受生活，更需要理解生活。感受可以是相同的，而对生活的认识、理解却不尽相同。因此，电视媒介不仅需要提供丰富多彩的生活画面，更需要提供对生活的深层理解。通过电视的交流和沟通，不同国家、不同民族、不同地域、不同层次的观众，都可以在多种文化的相互观照和比较中得到有益的启迪。

中央电视台国际部曾经引进过一套文化系列片《失落的文明》，影片播出以后引起了观众极大的兴趣和强烈的反响。国际部负责人张子扬在谈到这部片子时指出："《失落的文明》的确是一部难得的文化专题片，它的难得之处在于它没有简单地罗列人们所掌握的形象素材，因为这些形象素材曾经不止一次地在各种各样的节目中组合过、展示过。而在《失落的文明》一片中，编导者用特殊的语汇，把这些素材进行了可称之为艺术性的组合和加工，使得它具备了强烈的可视性。而可视性的本身足以构成一种对历史文化进程的欣赏和愉悦。更重要的是它的解说词文本简明通俗，同时又具备了相当分量的历史索引式的系统，所以它体现了文献性的价值和品位。"因此，张子扬特别强调"一部好的纪录片，它的解说词非常重要"。

随着全球经济一体化的进程，由文化误解引发的冲突将会被文化的交流和理解取代。人类文明的发展将会进入一个崭新的阶段。电视解说词在这方面的作用是不可替代的。

我们从电视节目的发展趋势中也可以感受到这种强烈的需求。在现代生活中，人们的生活节奏越来越快，工作和生存的压力越来越大，彼此谈话的空间越来越小，互相交流的机会越来越难得。于是，电视就成为人们最常用的交流对象。但是，电视画面的单向展示和强行灌输，使人们无法得到交流的快感。为了满足观众的需求，越来越多的谈话节目在电视屏幕上应运而生，甚至新闻播报也改变了过去“导语加画面”的传统模式，更强调“面对面”式的人际交流方式，注意“说”“讲”的方式，努力提高语言自身的魅力和整体的语感。不少栏目还形成了独具特色的个性化语言风格。

如果电视成为人类生存的重要方式，那么，作为人类生存的基本要素的语言，必然会在电视中占据不可动摇的地位，解说也永远会在电视节目中闪耀着自身独特的光芒。这就是解说存在的人类学意义。

（二）解说存在的社会学意义

在符号学的意义上，电视画面是“能指”与“所指”的统一，其外在物质形态与内涵意义不可分离，所以，电视画面是一种世界性的语言。世界各个国家、各个民族的观众都能够无语言障碍地去解读画面。这是电视画面的重要优势。

语言是民族认同、民族凝聚的基本因素。民族文化、民族传统、民族习俗主要通过民族语言得以传承。除了语言结构、符号形式之外，语言的表述方式、文化内涵、情感色彩、风格节奏都是在民族形成的过程中长期积淀而成的，具有不可替代的独特性。

电视既然成为人类重要的生存和生活方式，它自然要在表现民族特点、加强民族凝聚力上发挥应有的作用。画面在拍摄、编辑方面也能体现出一定的民族特点，但毕竟不够典型和明显，甚至远远不如音乐那样，更能体现民族性。所以，这个任务就责无旁贷地落在了电视解说的头上。

任何一个国家都希望“车同轨，书同文”，并为此做过不懈的努力。这既是为了传播的便利，更是为了提高民族的凝聚力。电视的传播速度和覆盖范围都是空前的。电视语言的传播、流通、认同，可以汇聚优秀的民族文化、传播民族文化的精华、提高国民的向心力和民族的凝聚力。任何国家的电视传媒都是极其重视电视语言的作用的。

解说语言凭借其无可比拟的传播能力，对民族语言的流行与发展起着难以估量的重大影响，但这种影响至今还没有引起我们充分的认识和应有的重视。

语言的人际传播和书面传播毕竟是小范围的有限传播，受到地域和文化的限制，并且是不固定、非正规的，但一旦进入强力的电视媒介，通过电视解说的传播，它就会迅速流行，并成为民族语言的正式成分而被固定下来。

在我国近期产生的新语汇中，这种现象特别明显。比如，一些反映现实经济生活现象的语汇，原本为某个地区、某一领域的群众语言，在过去正式的词典中没有载录。但通过电视的传播，它们迅速成为新的民族语汇流传开来，如“个体户”“万元户”“大包干”“下海”“炒股”“切汇”“宰客”“吃回扣”“收红包”“待业”“下岗”“上网”“网虫”“走穴”“打假”。

随着体育节目转播的影响不断加大，一些地域性、专业性极强的语汇逐渐成为社会的通用语汇，如“短平快”“二传手”“下课”“雄起”“外援”“黑哨”。

电视语言传播使得许多非正式的语汇经过筛选、淘汰逐渐成为民族语言中有生命力的成分并且被固定下来，被大家认可、接受。电视强大的传播能力，使民族语言的整合、交汇、认同变得更加迅速。许多地方方言中的语汇和表述方式，以前所未有的速度融汇在民族语言中，尤其是粤语和港澳台地区流行语言的介入，使民族语言更加丰富多彩、富有活力。语言的认同感，对完成国家统一、提高民族的向心力和凝聚力意义重大。

世界各个国家、各个民族无不重视电视媒介在统一、整合民族语言上的作用。这一点在法国、加拿大、菲律宾、新加坡都引起过学术界、舆论界的强烈关注，甚至引发过激烈的争论。因此，电视解说存在的意义绝不仅仅是它和画面哪个更重要的问题。电视解说的存在和作用，对一个国家、一个民族来说有着深远的社会历史意义。因此，张子扬深有感触地指出：“我又想起我的同事们创作和撰写的一些专题片的解说词，在他们的选择当中，有些作品具备了这样一种意识，就是要使作品的内涵具备文献的意义或者是品位，体现这种文献的价值，同时具有中国特色。”

我们应该把眼光从画面与解说的主辅之争上转移开来，从更广阔的视野、更深远的背景去认识电视解说存在的价值，可以进一步加深我们的理解。

思考题

1. 电视解说有哪些主要的功能?
2. 电视解说如何利用和放大画面细节?
3. 解说怎样给观众更大的联想空间?
4. 怎样理解电视解说存在的人类学和社会学意义?

第四章 不同电视节目对写作的要求

本章重点：

1. 节目类型的划分很难准确地界定，要根据约定俗成的惯例来确定类别，不要纠缠概念之争。

2. 电视新闻的文字稿相对独立，可以事先写好。这种情况同电视新闻没有充分“电视化”有关。电视新闻消息的报道中“四少四多”的状况需要引起我们的注意。

3. 电视新闻消息文字稿写作要注意以下几点：

(1)突出时效性因素；

(2)交代背景因素；

(3)强调主要信息，确定报道的角度、方向与主题；

(4)帮助画面提高现场感；

4. 电视新闻评论的三种形态如下：

(1)深度报道，注意如何在调查过程和结构安排上体现倾向和观点；

(2)夹叙夹议，注意选择评论事件的“可析性”和转场的衔接；

(3)直接分析评论，注意评论意见的“新意”和“见地”，特别注意语言的个性化和交流感。

5. 政论片、文献性纪录片创作要注意充分的前期准备，具备一定的前提条件。解说词创作要注意以下几个方面：

(1)有比较完整的语言表述形式;

(2)以故事细节引出论述;

(3)提供充分的参照系;

(4)句句带信息,论述也要含信息;

(5)要有一定的理论深度,立意要高,挖掘要深;

(6)加强解说词的语言魅力,对解说词进行后期的修改、协调。

电视媒介的特点决定了电视节目类型的多样性。比起传统媒体和传统艺术,电视节目的类型要丰富得多,也复杂得多。由于节目形态处于不断的交融、移植、嫁接、转换、创新的过程中,其形态的多变性与兼容性使得节目类别的界定和划分变得相当困难。电视理论界曾经做过多次尝试,试图对节目形态做出比较统一的科学界定,但未能达成预想的共识。创作者在进行创作的时候,并未认真地看待理论的界定,他们也不愿意受到这样的束缚。他们拥有的电视手段太丰富了,可以根据需要随时进行调整和变动。“越轨”和“出界”往往成为节目创新的必由之路。

电视节目形态的不确定性,给理论界和研究者带来很大麻烦。他们往往对某个节目的类型定位、某个概念的不同解释争得不亦乐乎。其实争来争去,大都是自说自话,彼此用的根本不是一把尺子。许多争论,既无必要,也无意义,只会扰乱思路,对创作没有实际的帮助。

对节目类型的界定和划分,我们在学习的时候应该遵循以下原则:

第一,只有特别典型的节目才能准确地归类,而大量节目处于模糊的状态。我们可以根据不同的标准和尺度进行研究,没有必要在概念的界定上过于纠缠。

第二,一般的学习和研究主要根据约定俗成的惯常说法,有通用的称谓和理解,至于是否科学和严密,不必较真儿。

比如,我们研究学习电视解说词的创作,它的研究范围就十分宽泛。从大的方面来讲,凡是电视节目创作过程中需要用文字写作传达的部分都可以纳入它的研究领域,比如电视新闻的新闻稿、电视栏目的串联词、综艺节目的串场词或朗诵词，甚至某些电视剧的旁白都是电视解说研究的对象。但其最核心的部分依然是电视纪录片或专题节目的解说词。对于其他相关的节目，我们只是从比较和观照的角度进行学习和研究，不做全面的论述和讲解。我们在分类讲解的时候，也不会按照严格的逻辑层面进行划分，而是可能从节目的形态、节目的题材和内容以及节目的风格和样式上进行划分，一切从实际创作的需要出发。

在前面的章节中，我们曾详细讲解了电视解说词创作的一般规律，比如应该先编画面，再根据画面的情况撰写解说。但是，由于电视节目的类型和题材多种多样，并不要求所有的节目样式必须按照一个模式、一种程序进行操作。每种节目类型都有自身的特点，对解说词的创作也有不同的要求。下面我们分别就一些特殊类型的节目对解说的要求进行探讨。

一、电视新闻稿的写作

电视新闻稿是电视解说词的重要组成部分。电视新闻出现最早，播出量和播出频率最高，是电视传媒最重要的支撑点之一。电视新闻稿与电视纪录片解说词的写作有许多相通之处，但也有一些自身的特殊要求。在这里我们主要研究电视新闻消息和电视新闻评论的写作。

我们前面谈过，电视节目应当先编好画面部分，然后根据画面的需要处理和安排解说。这是解说词创作的一般规律。但是对于电视新闻来说，就不一定完全按照这样的程序进行操作，而是可以事先写好新闻的文字稿，然后根据文字稿再来编辑画面。

(一)电视新闻消息

为什么电视新闻消息的制作可以先写好新闻稿，然后再根据新闻稿来编辑画面呢？这样不会造成“声画两张皮”吗？

首先，电视新闻消息一般报道的内容比较单一，没有复杂的旁枝末节，而且报道的时长也比较短，平常一条消息也就是几十秒钟或一两分钟而已。记者一般都是自采、自写、自编，在写稿件的时候就已经对将要拍摄的镜头和编辑的画面做到心中有数了。特别是记者比较熟悉的常规报道，基本都有一套固定的模式。所以，在撰写新闻稿的时候，记者在脑海中已经对未来的画面有了形象的储存，可以根据脑海中的画面处理和安排新闻稿的文字。当然，这样做的前提是稿件“短”，记者对其容易把握。如果报道时间较长，画面镜头量和剪辑点太多，题材又比较陌生，记者把握起来就比较困难。

其次，有些电视新闻消息的报道没有充分的“电视化”，同报纸、广播消息的报道没有明显的区别。比如，我们国家有些报道要求必须使用“新华社通稿”，即无论报纸、广播还是电视，所有的传播媒介必须使用统一的稿件、统一的文字向外发布消息，不容许进行任何改动，也不需要考虑不同媒介的传播特性，所以，这容易导致各种媒介吃“大锅饭”的情况发生。除此之外，各地还有当地行政主管部门和宣传部门规定的“通稿”，要求统一口径、统一文字，比如，对于逝世领导人的履历、评价、重要会议的公报等，都不允许媒体自主报道。类似这样的情况，只能根据文字稿编辑画面。

鉴于以上的情况，有些学者认为，电视新闻的文字稿同其他形式的新闻稿件的写法并无二致，无非是有无画面的辅助图解而已。因此，在写作上不需要做任何特别要求。他们认为，电视新闻的文字是完整的新闻，与人们熟知的广播消息、报纸消息的形态结构大同小异，因此不能说它是画面的解释和补充。不仅如此，他们还认为，新闻性专题片的画面同样没有完整的叙事能力，其完整的内涵也是靠“文字稿”来表述的。

电视新闻消息文字稿的相对独立和报纸、广播新闻相似，但把它推而广之，扩大到专题片领域，就显得过于勉强。对于电视专题节目解说词的非独立性，我们已经做过充分的论述，这里不再赘述。电视新闻消息的文字稿同报纸、广播没有明显区别的重要原因是，电视新闻没有充分的“电视化”，没有能够真正发挥电视的优势，没有按照电视自身独特的方式进行新闻报道。传统新闻报道的叙事方式顽固地左右着稿件的写法，使记者过多地依赖文字和解说进行报道，要求新闻消息的文字稿必须形成完整的表述体系，否则新闻报道必备要素会出现种种欠缺，导致观众看不明白。事实上，拿报纸、广播的新闻稿写作方法去要求电视新闻，自然找不到区别，也看不出特性了。

现在的电视新闻消息报道存在许多不符合电视新闻报道规律和特点的做

法。以下“四少四多”的情况应该引起我们的注意：

第一，现场直播报道太少，后期转播、录制完成的太多。

“现场感”是电视报道的主要优势和重要特点。第一时间在现场完成全部报道任务，能使观众如见其人、如闻其声，仿佛置身其间。电视能够让观众切身感受事件的进展变化，其真实感和亲历性是其他任何媒体都无法比拟的。尤其是新闻事件发展的不可预测性，是任何后期编辑都无法实现的。现场直播报道多局限于大型社会活动、体育比赛、庭审纪实和综艺晚会，真正最具活力、最能体现电视优势的新闻消息反而很少进行直播报道，甚至连现场报道也只占很少的比例。在这方面，国外的同行比我们要进步得多。除了体制和政策上的原因之外，观念滞后是重要的制约因素。这不是电视新闻报道同报纸、广播的报道有没有区别的问题，而是我们能不能正视这种区别、能不能充分发挥电视报道的媒介优势去主动做那些自己该做而且能够做好的事情。

试想，电视记者或主持人在事发现场，第一时间同步向观众报道事件的进程。现场的环境、氛围、采访、评述，具体细节的及时捕捉，同后期完成的新闻稿形成不同的样式，使观众的感受和体验也截然不同。所以，问题的关键是能否根据电视报道的特点，充分发挥媒介的优势。1997 年香港回归报道、1998 年抗洪抢险报道、1999 年国庆阅兵直播均充分展现了电视现场报道的优势和特点。

第二，主动采访报道太少，被动采访报道太多。

电视新闻报道之所以特点不突出，其中一个重要的原因是垄断地位形成的盲目优越感。它使记者对新闻线索的敏感度下降，主动出击采访、率先进行独家报道的能力逐渐弱化。这些原本应该是新闻记者的基本功，但在垄断体制下长期抱“铁饭碗”养成的惰性，使部分电视记者缺乏竞争意识和生存危机感，使其主动出击采访的能力越来越差。许多记者满足于抄报纸、抄广播、抄文件、抄会议简报，然后用画面镜头进行图解说明。许多媒体同行看不起电视记者，认为他们除了媒介的天然优势，记者自身的新闻素质并不突出。这种情况应当引起我们的高度警觉。电视报道不仅体现在它的媒介优势、技术手段和传播能力上，更应该体现在记者的新闻素质上。

电视新闻报道需要有一定技术的保障，所以记者行动起来相对比较迟缓。

这就更需要记者具有敏锐的眼光，善于发现和捕捉有价值的新闻线索，尤其是选择那些更适合镜头表现、画面感较强的新闻事件进行报道。在信息时代，虽然我们的新闻不可能都是第一时间的独家报道，但至少有一部分新闻是自己主动出击采访得来的。如果仅仅满足于"炒"别人的冷饭，抄会议简报和文件，在激烈的媒介竞争中，我们的垄断优势就会逐渐丧失，市场份额就会日益萎缩，观众也会因为看不到新鲜、独特的新闻而逐渐离去。因此，只有加强主动采访的力度，多一些独家的报道，才能避免同其他媒体"撞车"。

第三，突发性事件报道太少，常规性报道太多。

对突发性事件的及时报道，是电视新闻的主要优势之一。而新闻信息的价值不仅在于它的"快"，更在于它的"新"，即其新鲜感、突发性和不可预测性。如果每天都是常规的报道，如会议报道、外交往来、经济形势、生产状况、名人专访，无论多么迅速、及时，都很难引起观众的兴趣。观众更期待那种让他们眼前一亮的新闻，那种他们未曾预料到的突发事件的报道。

电视新闻中经常报道交通事故，宣传交通安全。报道次数多了，大家也就见多不怪了。但是，行人翻越护栏穿越高速路时被高速行驶的汽车撞飞的画面镜头，这种对突发事件的及时报道却能强烈地震撼每一个电视观众，并且成为他们连续几天谈论的话题。如果说常规报道是一条平静流淌的河，那么突发事件报道就是河中翻腾的浪花，只有浪花不断激荡，河才会充满活力，才能奔腾向前。

当然，突发事件具有可遇而不可求的特点，其难以预测性正是它的魅力所在。电视报道的及时性、同步性和现场感，使电视成为报道突发事件的最佳媒介。把突发事件的及时报道作为电视新闻报道的重要部分努力抓好，是电视工作者义不容辞的任务。所以，电视新闻记者迅速反应、迅速行动的能力就显得十分重要。电视媒介需要在通讯、交通、信息供应、线人等方面建立快速反应行动机制，一旦出现具有新闻价值的突发事件，电视记者能迅速出现在事发现场。美国电视媒体对辛普森案件的及时报道，可以说是突发事件报道的典型案例。

突发事件的报道往往是画面感极强的报道，如美国航天飞机"挑战者号"升空爆炸、里根总统遇刺、以色列总理拉宾遇刺身亡、北约轰炸中国驻南联盟大使馆等，画面镜头极具冲击力。

第四，有针对性的画面太少，万能的空镜头画面太多。

许多电视新闻报道往往是根据写好的新闻稿安排一些相关的镜头进行编辑，根据文字稿的时间长度截取画面，稿子念完，画面随之截断。许多画面既没有针对性，更没有表现力，只是一些可替换的万能画面的简单堆砌。有些学者之所以认为电视新闻报道只需要听声音就行，同报纸、广播没有什么两样，就是因为一些电视新闻缺乏镜头表现力，缺乏可看性。

电视新闻报道要求画面有不可替代的细节和镜头。什么是不可替代的画面？如1998年抗洪救灾，武警战士从汽艇上把小江珊一把抱下来的镜头；309国道的交警以罚代法，向汽车驾驶室一次次扔罚单的镜头；驻港部队第一次上岗执勤升国旗的镜头；解救被拐卖的妇女儿童时公安干警被围攻的镜头……这样的电视新闻报道，谁还能闭上眼睛只听声音不看画面呢？问题在于，这样的镜头在我们的电视新闻报道中太少了。

以上的种种问题，使电视新闻的报道优势没有得到充分的发挥。其实这不是电视新闻报道本身的问题，而是由于具体操作不到位而造成的。部分学者以偏概全地认为，电视新闻文字稿不受画面的影响和制约，可以与画面彼此独立，自成一个完整的表述体系。这种看法是不全面的。受主客观条件的影响，报道内容和题材千差万别，电视新闻报道呈现出的样式不尽相同。有些报道内容无法通过画面或难以拍摄到相关画面进行报道，其基本事实的陈述必须用解说来交代，那么它的文字稿就相对比较独立，如中央某项政策的出台、某项法律的颁布、报纸重要社论的转述等。有些报道方式，像口播新闻消息的文字稿，的确同报纸、广播没有什么大的不同。

但是，如果适合用画面镜头表现、能够用画面进行形象报道的新闻内容，如有现场同期声采访的报道，其新闻报道的文字稿应该率先考虑画面的结构布局，尽量突出画面自身的叙述功能和表现力，精心设计恰当的语言与画面搭配，共同构建一个视听结合的表述体系。这种情况下，语言结构就未必十分严密和完整；脱离了画面的配合文字稿一般不能形成独立的表述系统。因此，国外的传播理论普遍认为，电视报道的口述逻辑是通过与图像相伴的口语方式播出的，而不是通过正规的逻辑结构方式。

文字稿与画面“两张皮”、彼此割裂的现象仍然比较普遍。除了体制和政策上的原因之外，这与一些电视记者和编辑不习惯用镜头叙述、不善于运用电视思维有关。画面感觉、镜头语言需要一定的专业训练；只靠对新闻消息传统报道方式的理解去从事电视新闻报道显然不够，而是需要转换思路、转换叙述方式。目前，这一状况已经引起许多电视新闻工作者的重视，报道的专业水平正在逐步提高，报道方式也日益多样化。其实，文字稿是否完整、是否独立、是否和报纸广播雷同，不是衡量电视新闻报道好坏的主要指标。电视新闻消息报道的基本原则应当是根据报道内容和选题的不同，根据客观条件的具备程度选择合适的报道方式。倚重文字还是偏重画面，都不是绝对的。二者的完美结合当然是最佳选择，但在具体实施的过程中，它会受到各方面条件的制约。

除了一般新闻稿件所要求的准确、客观、真实、简明等具有共性的方面之外，电视新闻消息的文字稿写作应当特别注意以下几个问题：

第一，突出新闻事件的时效性。

电视画面在反映事件发生的空间环境、现场氛围、细节强调方面具有独特的优势，比如三峡大坝合龙的电视直播，就无须文字稿进行过多的重复介绍。然而，在反映新闻消息的时效性方面，画面镜头却有一定的模糊性，容易出现用过去的资料画面顶替今天的新闻的现象，把发生在不同时空的同类新闻消息张冠李戴，错点鸳鸯谱蒙混观众。某些虚假报道大多是钻了画面传达信息、在时间表现上具有含混性的空子。电视新闻报道要求准确、及时，所以文字稿一定要准确交代时间要素，强调新闻消息的时效性。一些像“最近”“近来”“近日”“一个时期以来”“自某某以来”的含糊其词的表达应尽量从新闻稿中清除出去。电视画面对时间表述有一定的制约性，因此，撰写新闻稿时必须加以注意。

第二，交代新闻事件的背景因素。

一则电视新闻，如果缺乏必要的背景交代，其新闻价值很难完全体现出来。一般背景因素往往是比较抽象的间接信息，新闻报道也不可能用大量的资料画面去重现背景过程。因此，新闻消息的文字稿应该用简洁、概括的语言，直接交代新闻事件发生的社会历史背景、主要的因果关系以及新闻人物的基本情况。

文字语言的简洁性、概括力是画面语言难以比拟的，特别在传达抽象信息方面。通过文字稿交代复杂的背景因素，显然比较合适。

第三，突出主要新闻信息，确定报道的角度、方向与主题。

同一新闻事件、同一组电视画面，在不同的记者笔下，会产生角度、立场、侧重不同的报道，甚至由于视点和判断力的区别，新闻报道的方向和主题也会大相径庭。这里有各种各样的原因，有些是因为政治立场问题，有意进行“利我”选择或恶意歪曲。比如，对于北约在科索沃发动的战争，各国新闻媒体的报道立场和角度就截然不同。有些是因为新闻事件的暴露程度或当事人的有意隐瞒和误导所致，也有些是记者认识水平和把握能力形成的差异；同时，还有宣传政策要求的报道分寸、报道口径的限制。应当说，除了虚假新闻或恶意歪曲之外，新闻报道的这种差异都是正常的。

比如，对一场重大火灾事故的新闻报道，各家电视媒体使用的画面镜头并无太大的差别，然而有的记者侧重反映事故发生的原因、责任及损失情况，有的记者则着重报道救灾工作和先进事迹的情况。需要指出的是，这种差异除了画面的选择之外，主要通过新闻的文字稿和具体的画面形象中体现出来。

画面共时态地呈现出多种信息，这就需要文字解说给予必要的强调，排除那些选择性信息因素的干扰。这种导向把握能力，主要依靠文字稿的语言体现出来。

第四，帮助画面突出新闻报道的现场感。

重现现场，是电视新闻报道最具特色的地方。文字解说虽然不能直接呈现现场的气氛，但可以配合画面形象，突出画面特征，对现场气氛起到强化与渲染的作用。尤其是对现场同期声和现场采访的使用，更需要解说的牵线搭桥。比如，上海东方航空公司“586”班机紧急迫降的报道，通过解说不断介绍飞机起落架的情况、跑道洒阻火泡沫的情况、指挥塔台同飞机乘务员联系的情况、地面上各种抢救应急的准备情况。电视画面原有的紧张气氛通过解说得到了有力的强化和渲染。

第五，根据不同的播出时段，相应调整不同手段的使用程度和比重。

在不同的时段，针对不同的对象，应该相应调整不同手段的使用程度和比重，有所侧重。比如，在早间播出的新闻栏目应该着重突出“听觉信息”，以“说”和“听”为主，而看的成分和画面效果不必刻意强调。因为观众早间活动匆匆忙忙，洗漱打扮、用餐，没有时间安安稳稳地坐在电视机前观看节目。所以早间新闻播报的听觉信息不仅需要突出，而且要求相对完整，不能过于依赖画面的支撑。而晚间节目就应该突出画面信息，强调画面的冲击力，要有不可替代的画面细节，充分满足观众全方位感受新闻现场的需求。如果是针对不同对象的新闻节目，在语言应用和语速上都应有所区别。

消息类电视新闻稿件主要是客观报道新闻事实，文字稿的作用虽然重要，但应尽量避免个人主观倾向的过分显露。有倾向性观点的表达一定要把握好分寸，尽可能把主观倾向置于客观事件背后，否则稍一过度，就会愈益反损，影响观众对新闻真实性的信任；要学会用事实说话，把主观倾向隐藏在对事实的选择、排列、侧重和强调之中。对于同样的新闻事实，主观倾向完全可以在叙述过程中体现出来。

（二）电视新闻评论

电视新闻评论是进行舆论引导和舆论监督的重要阵地，它敏锐地抓住现实社会生活中带有普遍意义和典型意义的新闻事件，进行比较深入的剖析，提出带有启发性的见解。借助电视强大的传播功能，电视新闻评论可以在观众中产生巨大的影响，甚至直接影响社会潮流的动向和政府决策。比如，美国著名电视新闻评论主持人克朗·凯特对政府越战政策的批评引发了全国性的反战示威活动，直接影响了美国政府的对越政策。

中央电视台曾经有一个新闻评论性栏目，叫《观察与思考》。栏目名称准确地说明了电视新闻评论节目的特点，即“形象化的政论”。“观察”就是对新闻事件的客观报道，“思考”就是对新闻事件的分析评论；“观察”侧重于画面镜头的记录展示，“思考”侧重于文字解说的理性评述，二者互为依托、互相引导。

电视新闻评论具有一事一议的特点，由具体的新闻事件切入，引发对某一普遍问题、某一社会现象的评论。比如，对我国可可西里地区盗猎藏羚羊事件的报道，可以引发对保护稀有野生动物、自然生态环境的评论。以点带面、以小见大、从具体到抽象，是电视新闻评论的特点。在撰写新闻评论稿时，要注意有目的地陈述新闻事实，夹叙夹议，尽可能从画面形象出发，自然而然地提炼出所要评述的问题；画面要有现场实感，使所呈现的细节特征有很强的针对性，但评论部分不可任意夸大；尤其在作结论时，更要慎重把握语言的分寸，斟酌表述方式，尽量避免直接进行主观定论和评判是非，而是水到渠成地引导观众去思考，让观众自己去下结论。倾向性和分析评述一般通过报道的进程自然显现。

电视新闻评论的特点是以实带虚，实的部分主要由画面叙述传达，虚的部分即分析评述主要依靠文字解说。这就要求虚实之间的关系一定要处理得当，相互配合、相得益彰。在讲述新闻事实的部分时，语言尽量带有一定的“潜台词”和暗示性；在分析评论时，要兼顾到事件的针对性，使观众对新闻事件本身和由此引发的思考都能留下深刻的印象。

电视新闻评论首先是新闻，必须选择新近发生的典型的新闻事件进行评论。如果不是新闻，事件再典型、再深刻，意义再重大，也会缺少进行评论的现实针对性。滞后的报道和评论，往往会引发观众对其他因素介入和干扰的怀疑。特别是比较尖锐的揭露性报道，其信息量和影响力是随着时间的推移而递减的。

电视新闻评论应该有一定的超前性和预见性，尤其是评论部分，不能拾人牙慧、人云亦云，必须有自己独特的分析和见解，这样才可能给观众有益的启示和适当的引导。“智者见于未萌，愚者谙于成事”，在事物刚刚萌芽之际，看出其潜在的影响，及时、准确地有所发现、有所预见，通过深入分析，指出其必然的发展趋势和影响后果。萌芽状态的事物，就是新闻评论节目应该抓住的新闻事件。报道对象的准确选择和及时报道，是电视新闻评论得以生存的关键；事件本身是否具有分析、讨论的价值，往往起着决定性的作用。

超前性还体现在该评论对那些人人有所感觉而尚未清晰认识、准确把握的现象能够率先做出科学的、富有见地的说明，通过突发的、偶然的新闻事件揭示现象背后的本质。这就需要评论者调动经验积累，发现事物之间的内在联系，从复杂的表面现象中进行剥茧抽丝的辨析，做出令人信服的评说。

电视新闻评论同报纸的评论和广播的新闻述评不同，后两者基本上是以语言文字构成完整的论述系统，说理充分，论证严密，逻辑规范，侧重理性语言的分析和推论，可以脱离具体的事件进行抽象的评论，所举的事实例证不过是作为论题的论据而已。电视新闻评论则以新闻事件的报道作为基本线索和主要脉络，其一切分析评述都在报道事件的过程中进行，评论的针对性较强，一般不做空对空的泛泛评论。电视新闻评论分析多于评论，剖析多于判断。所以，在电视新闻评论中，主观与客观、画面与解说、感性与理性、过程与分析、事实与评论之间的关系一定要处理得当。特别是在记者身份、媒介角色、观众代言人、喉舌意识等方面的各种分寸的把握要适当，避免角色错位或话语权力的失度。记者不是律师，不是法官，更不是行政主管，不能"为民请命"，不能充当"救世主"，更不能摆出教训人的姿态。调查、展示是电视新闻评论最重要的评论手段。

在我国，电视新闻评论节目一般有以下三种形式：

第一，新闻事件的深度报道和深入调查。

这是我国电视新闻评论的一种主要形式。像中央电视台的《焦点访谈》《新闻调查》，各地电视台类似的"焦点""透视""话题""纵横"之类的栏目，大抵属于这一类型。

这种节目以新闻事件的追踪报道和深入调查为基本构成。记者的分析评论通过调查过程的安排、采访对象的选择、采访方式的设定以及对事件来龙去脉的介绍得以体现。节目基本是以客观调查为基础，一般不进行直接的评论和是非曲直的判断。记者的态度和倾向完全可以通过对事实的披露反映出来。需要指出的是，任何调查方式和叙述方式都是有倾向性的，这种倾向是观众在收看的过程中自主感受得出的，而不是记者直白说出来的。比如在《焦点访谈》一期《雄县追车记》的报道中，记者非常冷静、客观地调查被盗车辆的来龙去脉、收缴之后的处理结果和真实的发动机号码。采访调查的过程中记者没有进行任何褒贬评论，只是在事件的调查过程中把雄县刑警大队部分干警以权谋私、擅自使用扣押赃车、勒索高额赎金并千方百计掩盖事情真相的丑恶嘴脸披露无遗。

此类节目的制作应当尽量保持事件调查的客观性和过程性，过程本身往往比结果和结论更重要；要使事件的展示过程、记者的调查过程、观众的感受过程尽可能保持一致。

对事件的剖析、评论主要体现在结构的安排上。事件的调查过程也是悬念产生的契机;要善于设置悬念,不断地提出问题,逐一地解决问题,形成一波三折、层层剥笋、步步递进、一追到底、卒章显志的效果。这种结构方式往往体现出记者的倾向和用心。为了保持调查的客观、公正,记者的主观意图不要过早显现,尽量不要把节目的落点作为节目的起点,使落点和起点形成某种“非同性”或“不一致性”,在调查的开始不要过早公布结果,要先放水再开渠,做到评论时水到渠成、瓜熟蒂落。

电视新闻评论不同于其他评论,它在调查的过程中可以提供充分的“反辩”,让矛盾的各方都有机会“讲话”,有机会发表意见,有活动和表现的空间。即便是对于准备批评、揭露的对象,也应该以客观的态度对其进行调查询问,不要轻易暴露主观意图,更不要压制对方。矛盾充分展开、对象充分表现,才能够真正在比较中明辨是非,从现象中看出本质。

在深度报道的调查类评论节目中,事件的发展和真相主要通过记者的调查采访获得,记者的调查轨迹往往是事件真相的披露过程。画外解说在此类节目中一般不承担主要的叙事功能。解说大多在以下这些地方发挥作用:引出故事,交代时空背景,压缩调查过程,厘清因果关系和人物关系,对抽象信息、相关资料进行介绍(如数字),提请观众注意关键细节,进行必要的点评。其中最重要的是通过问题的提出,统领全片,整合散乱的信息。对事实的说明要客观、冷静,避免主观色彩的过度渗入;对过程的叙述要简洁、准确,突出关键信息,既不能在关键问题上含糊不清,又不能画蛇添足、节外生枝。特别在分析评论的时候,如果事实已经充分体现出问题的实质,观众自然会得出明确的结论,这时就无须解说再添油加醋。分析切忌浮于表面、人云亦云;评论必须有深度、有新意、有独到见解,只有这样才能得到观众的认可和好评。

深度报道是目前我国电视新闻评论的一种主要方式,其优势是能够充分发挥电视的特长,客观、公正,令人信服。但评论成分相对较弱,尤其是个性化的独到见解不易表达。来自方方面面的干预和阻挠以及我们某些观念的限制和能力的欠缺,使我们的新闻评论很接近某些专题性节目。所以,深度报道是否可以算作真正意义上的电视评论，在理论界还有不同的看法。

第二，夹叙夹议的评论节目类型。

这种类型的电视评论节目的特征是夹叙夹议、边叙边议。其形式上的明显特点是，记者或主持人随时中断新闻事件的叙述过程，在事件的某一阶段或某一环节上独立出来进行分析和评点，发表一定的议论。叙事和评论有明显的段落界限，整个事件的展示过程是分段进行的。事件的介绍一般作为评论的对象，或作为发表评论的论据说明。观众关注的不仅是事件本身，还包括事件背后蕴含的意义，以及可以由此引发的思考。中央电视台的《今日说法》就是这类节目的典型代表。其形式特点非常明显，外景的采访拍摄承担事件的叙述任务，通过大屏幕现场回放的方式，以片断的形式介绍事件的过程；在事件进程中随时中断叙述，回到演播室进行阶段式的评点分析。

在采用这种评论方式时，事件的选择尤其重要。事件本身不一定具有强烈的刺激性和震撼力，但一定要具备较强的可析性，具有值得分析、评论的新闻价值。而且事件应有一定的代表性和普遍意义，最好能反映出某种趋势或苗头。所选择的事件应同其他相关的事件有观照、比较、辐射、引申的可能，在分析评论时可以做到由此及彼、举一反三。事件本身既是评论的对象，也是评论的话由和引子。它既要作为评论的重要论据，也要通过它引发相关的议论。

此种类型的评论节目在语言的使用上一定要有交流感，避免使用那些生僻、艰涩、过于专业的词汇。语气尽量生活化，要亲切自然，要有强烈的参与意识，不能像置身事外的局外人一样，做冷眼旁观式的评判。在可能的情况下，评论者最好能置身事发的现场，在进行现场报道的同时，边叙边议，发表自己的直观感受和独到见解。

如果受到条件的限制，必须回到演播室进行回放，最关键的问题是处理好现场部分和演播室部分的衔接。转场的时机一定要准确把握，要知道在事件叙述的什么环节才是发表评论的最佳时机；由叙述转入评论，由外景回到演播室，环境、氛围在视觉上都发生了明显的变化，怎样过渡自然流畅、调整观众的收视情绪需要精心地设计。还需要注意的是，节目策划时一定要把现场部分和演播室部分统一设计，整体安排，转换的环节也要考虑妥当，不能操作时各行其是，后期再生拉硬拽地进行拼凑。

第三，不以具体事件为依托，直接就某一话题和现象进行评论的节目形式。

应该说，这是新闻评论的基本形态，也是其他媒介常用的形式。国外电视新闻评论中，这种形态的栏目较多，新闻评论员或节目主持人就当前某一热门话题或社会现象滔滔不绝地发表一番看法和评论。我国前些年也出现过此种类型的电视栏目，如乔冠英主持的《周末热门话题》。近年来，随着电视制作的创新，这种类型的节目又再次出现，像中央电视台《东方时空》中的“面对面”、香港凤凰卫视中文台的《时事开讲》《一点两岸三地谈》都带有直接评论的性质。

此类评论节目的新闻性质，主要体现在它所评论的话题和现象必须是当前引起广泛关注的热门话题，是具有普遍社会关切度的热点现象。比如食品安全、环境污染、城市交通等能引发观众强烈参与意识的话题。

这种评论方式一般是以主持人独白或邀请嘉宾共同讨论的方式进行。这种直接的评论对稿件的要求非常高。首先，要有新意，不能是老生常谈、人云亦云的陈词滥调。其次，要有见地，不能停留在一般认识的水平上，最好有独特的见解，给人以新的启发，让人心服口服。即便不能完全做到这一点，起码也要做到准确到位。最后，评论要精彩，要具有语言的魅力和气势，即使无法完全做到妙语连珠，起码也要在表述形式上求新求变，令人耳目一新。

这种评论的方式是评论员或主持人在屏幕上同观众进行面对面的直接交流。它要求评论语言要生活化、口语化。文绉绉的书面语、生僻的文言词、居高临下的训诫语气都可能会引起观众的强烈反感，甚至主持人的形体动作、面部表情、服装道具都会对节目效果产生一定的影响。这些影响因素是其他媒介的评论方式所不具有的。

我国的电视新闻节目正面临着改革的关键时期，许多新的形式不断涌现。比如，从传统的播报方式发展为“说新闻”或“讲新闻”，要求新闻栏目各条新闻之间形成统一的语感，寻找适当的过渡和连接方式，更重视对新闻信息来源的收集、整理和选择，强调新闻消息的组合报道和综合报道，等等。这种变化对电视新闻稿件的写作提出了许多新的课题，需要我们不断在实践中摸索和总结。

二、电视政论片、文献性纪录片的创作

之所以把这一类的节目单列出来讨论，是因为在我国电视发展史上这一类节目曾经产生过重要的影响。其观众收视率之高、社会影响之深远，都是空前的。像《长征——生命的歌》《让历史告诉未来》《毛泽东》《邓小平》《香港沧桑》《澳门岁月》《新中国》等大型系列片，都以其生动形象的画面、珍贵的资料、精辟的解说深深地吸引了亿万观众，给人以强烈的震撼。电视节目的社会教育作用和认识作用，在这类节目中得到了充分的体现。

这一类节目对我国电视节目的创作产生过深刻的影响，其中许多宝贵的创作经验至今依然是值得借鉴的典型范例。所以，认真研究这种类型电视节目的创作经验是非常必要的。特别是在这类节目的创作中，解说词的作用显得格外突出。

我们前面讲过，一般情况下应当先编好画面，然后根据画面的情况安排解说。但政论片和文献性纪录片的情况比较特殊，可以事先写好一套相对完整的解说词文稿，然后根据解说词的叙述结构、意义表达去拍摄，寻找相关的画面进行形象的说明，以解说作为基本的表述手段。电视的其他表现手段围绕解说进行安排。所以，这类节目定位特点是“解说为主，解说先行”。那么，它对解说有哪些特殊的要求呢？

（一）有比较完整的表述形式

这类节目主要是说理的，有很强的论述色彩。因此要求解说词的语言形式完整，逻辑结构严密，语言论述连贯，思维方式不能过于跳跃，语气贯通，一气呵成。解说词的量一般比较大，最多可以达到每分钟两百多字。所以，它行文的因果关系、指代关系、承接关系比较清楚，语言的比例分布相对比较匀称。我们前面讲到的，电视解说词在文字形式上的一些不足在这类片子中一般不允许出现。政论片的说理论述必须严密周全，虽然不一定面面俱到，但必须论述充分，不能出现过多的空白和余缺，以免产生歧义和疑点。所以，这类节目的解说词的文字形式相对比较完整，可以独立成章，甚至可以印刷发行，作为很好的文字

作品供读者欣赏。

(二)以具体的细节、情节论述

“形象化政论”的一个主要特点,就是以典型细节或故事情节的叙述带出所要论述的观点。叙述的成分大,纯粹议论的成分相对较少。细节、故事本身就是观点,是论述的逻辑起点,也是论述印证的落点。

在《世纪行》这部政论片中,谈到“延安像一块磁石,吸引了千千万万寻求真理的青年,他们后来成为解放全国的后备军”时,有这样一段细节:

> 毛泽东在延安的一次舞会上,问一位女青年:“你叫什么名字?”“何理良。”“唔,就是如何如何的何,道理的理,良好的良吗? 也就是什么道理好的意思喽?”毛泽东的一席笑谈,历史作了结论,共产党的大道理最好!

在《世纪行》中有这样两段细节:“建国之初,傅作义先生曾向接管北平的中共代表有感而发:‘我们国民党30多年就垮台了。你们共产党当然不会那么快就重蹈覆辙,但40年、50年以后,会不会呢?’遗训在耳,三年困难时期,周总理这样告诫全党:‘我们国家的干部是人民的公仆,应该和群众同甘苦、共命运,如果不这样,那是会引起群众公愤的。’”

这些细节,把议论成分自然融入其中,无须用过多的语言去重复论述。

其实,每个具体案例的选择和使用都有着明确的目的和指向,既具有一定的感染力,又具有很强的说服力。用生动形象的故事进行论证,是电视政论片解说词的重要特色。

(三)要善于上下勾连,纵横观照

解说词要能够引申出比较充分的论证,提供可以进行多方位参照、比较的系数,最忌讳“孤证”“个例”。

论述问题,首先要包含一定的历史信息,政论片、文献性纪录片尤其如此。比如,论及科索沃战局,就要同历史和现当代政治现象进行纵向和横向的观照。

譬如，可以联系南联盟和巴尔干地区的历史、两次世界大战的爆发点；可以联系朝鲜战争、越南战争；还可以联系美国出兵巴拿马、干涉索马里以及两伊战争、对伊拉克的“沙漠风暴”行动等。鉴古知今、观人察己，运用丰富的参照资料也是用事实说话的主要方式。

《让历史告诉未来》这部政论片的标题具有很强的哲理性，形象地说明了这类节目的创作特征。我们看其中的几个段落：

> 大渡河，正是七十二年前太平天国石达开全军覆没的地方，七千太平军惨死在清军刀下。传说至今还有太平军的鬼魂在黑夜哭泣，高叫复仇！
>
> 蒋介石打电报给手下将领，要他们重演这段历史。这时红军却从数百里之外突然出现在安顺场渡口，十七勇士驾一只小船突过河去。
>
> 部队又向前走了，可是，并不知道最后的目标是哪里。十月革命攻打冬宫的苏联水兵，并没有提供这样的经验。
>
> 延安的抗大，容纳了与英国牛津大学数量相等的学生。她没有牛津那样典雅的校舍，却有这样一些传奇式的领袖人物给学员上课；没有堂皇的餐厅，小米饭却吃得很香。

红军与石达开、长征与攻打冬宫、抗大与牛津，这种大跨度的联系和观照，蕴含着巨大的历史轨迹和深刻的哲理内涵，是比较，是借鉴，更是扩展和升华。这种纵向的勾连和横向的观照，使得政论的视点更高、视野更加广阔，摆脱了具体事件的局限，使观众能够从更广阔的背景中把握事情的本质。

(四)论述带着信息进行

“句句带信息”应该是电视解说的基本要求。电视解说最忌“空泛”，言之无物、泛泛而谈，特别是议论部分。电视解说的议论是通过听觉被接受的，过于抽象的理论观点，不易为观众接受。议论应该尽量通过具体的信息来传达。在《让历史告诉未来》中谈论彭德怀时，有这样一段解说：

> 正如丘吉尔休息时喜欢打毛线、杜鲁门爱打桥牌一样，麦克阿瑟

将军的爱好是浏览世界杰出领导人的传略。不过,当他以指挥仁川登陆的成功而名声显赫的时候,不幸竟忽略了研究彭德怀这样的中国军事对手的情况。他应当知道彭德怀是酷爱下棋的,并且布棋如布兵,大胆果断,每盘必杀出输赢才罢手。

一句一个信息,每个信息之间又构成了内在的逻辑联系,使得议论环环相扣、气势逼人。再如:

美国报纸把第二次战役称为“美国陆军史上最大的失败”。直到这时,麦克阿瑟将军才发现,同中国军队作战,并不像他在学校里获得网球赛冠军那么轻松。

这是比较典型的电视政论的方法,用形象、具体的信息引出议论或者代替抽象的议论。这种议论方式,由于有了具体的信息而更为形象、生动,更易被观众接受,给观众留下深刻的印象。

(五)要有深入的思考和立意

政论片和文献性纪录片要有一定的理论色彩,进行比较深入的探讨和思考。而理性的思考和论述,主要体现在解说词上,这是对创作者水平的检验。所以,在创作时,思路要开阔、立意要高远。

此类节目最基本的要求是起到一般政治宣传的作用。如果作进一步要求,此类节目还应该具有哲理性的思考,对题材反映出的哲理进行准确的阐述。同时,节目最好能具有一定的文化价值,对人类、生命这些方面有所涉及。要实现这些目的,创作者必须进行深入的思考,应该有所发现,有所创造。

那么,提出这样的要求是不是脱离了题材本身的内涵,过高过大或大而不当,以至于拉大了同观众接受程度的距离呢?其实不然,能够静下心来看这类节目的观众,绝不是为了纯粹的消遣娱乐,而是为了有所获得、有所启发、有所思考。如果停留在一般性的水平上,势必会使他们感到失望。何况人生哲理、终极关怀原本就蕴含在社会生活中。

（六）要具有感染力

有人提出，这类节目尽管有一定的社会价值和认识价值，但缺少审美价值。其实，这类节目同样有很高的审美价值，只不过其审美价值不一定通过画面镜头表现，因为这类片子需要使用大量资料镜头、固定图片和当事人的回述，用空间镜头表现时间的画面较多，所以其感人的魅力主要体现在语言的表述技巧上。

我们看下面一些介绍人物的精彩解说：

> 然而就在这个时候，一条小船，给中央苏区送来了一个特殊的人物，一个不会爬山，也不肯乘轿的外国人。他将给苏区和红军带来什么呢？（李德）
>
> 这位领导过农民运动、写诗填词、富有想象力的教书先生，终于使面临覆灭命运的红军开始有了转机。（毛泽东）
>
> 瞿秋白落入敌手。被处决的时候，他从容地燃起一支烟，在一片青草地上坐下来说："好，就是这里了，开枪吧！"（瞿秋白）
>
> 张国焘被外国记者称为"长征中吃得最胖的人"。（张国焘）
>
> 他有钱，比有钱的人还有钱。有人说哈默是亿万富翁，哈默很不高兴，说言过其实。但哈默从 24 岁起就再也没有数过自己到底有多少钱了。（哈默）

类似的精彩解说不胜枚举。有时，一句精彩的解说、一种新鲜的表述、一次独具匠心的语言组合，常常令观众赞叹不已、久久难忘。提高语言运用的技巧、发挥解说语言的魅力，是此类节目需要重点努力的方向。

在政论片、文献性纪录片的创作中，尽管可以事先写好解说词，根据解说的需要收集拍摄相关的画面，采访有关人物，依据解说提供的基本框架结构编辑画面，但是，电视语言毕竟是一个整体的表述系统，需要各种手段的密切配合。虽然解说已经形成了自成一体的表述格局，但在采访、拍摄、编辑、合成的各个制作环节中，完全恪守解说文本几乎是不可能的，应尽可能把纯粹的文字表述与其他手段配合起来，如通过画面和采访引出解说，借助画面或音乐的表现力衬托解说。

总之，解说无论占据怎样的位置，无论多么的独立精彩，也需要根据节目的整体要求进行必要的后期修改。电视是一种集体创作，抱着一字不改以不变应万变的态度并不可取。作家写文章要求一字不易是合理的；个人的风格、个人的表述应该被充分尊重。而电视不行，电视不是纯粹的个人作品、个人创作，其媒介身份和语言特点对任何手段的创作都有先天的制约。何况修改和协调是为了提高作品的表现力，而不是降低。

本章主要讨论了电视新闻和政论片这类节目对解说的要求。电视节目的类型很多，每一种类型对解说的要求不尽相同，各自都有一些需要特别注意的地方。比如，自然风光片同文化风光片对解说的要求就有很大差别。面对美丽的自然风光，要不要加解说、什么地方需要加解说、加什么样的解说，都需要根据具体情况甄别处理。再如，科教片的解说词写作需要特别注意对那些专业术语的形象化处理，用观众熟悉的东西去写他们感到陌生的事物，用形象的东西去说明抽象的道理，要善于运用“打比方”的方式侧面切入。电视解说词写作是一项操作性极强的实践工作。我们只要掌握了基本的规律，许多具体问题就可以迎刃而解，就可以根据实际情况灵活处理。

思考题

1. 电视新闻文字稿的写作需要注意哪些问题？
2. 我国电视新闻评论主要有哪几种类型？主要创作特点是什么？
3. 政论片与文献性纪录片的解说词创作应该注意哪些问题？

第五章　电视写作的创意与构思

本章重点：

1. 电视解说的创作构思是节目构思的重要组成部分，二者不能截然分离。
2. 电视节目选题策划的重要性；节目运作由“枣核型”向“哑铃型”的转移。
3. 选题策划注意政策因素、环境因素、竞争因素的影响；通过对选题的理性分析和节目成功的原因分析，确定选题实施的可能。
4. 认识具有“说服力”的节目选题报告必不可少的一些因素。
5. 电视解说创作构思最主要的四个环节：充分占有材料，选择恰当的切入角度，组织安排结构，捕捉典型细节。

电视节目的创意与构思，是对电视节目从内容（选题、对象、主题）到形式（体裁、类型、风格）的全面考虑。与其他创作形式不同的是，电视解说词的策划和创意必须考虑实际操作中的各种问题，操作问题不解决，一切令人着迷的创意都是空谈。

电视解说的创意与构思，是电视节目创作的重要组成部分。讨论解说的创意，离不开整个节目的策划创意。没有不考虑解说的节目创意，也没有不顾节目整体构思的解说词创作，只是侧重点有所不同罢了。

电视解说词的写作不像写文章可以天马行空般地任意挥洒，而是必须全方位地考虑问题，充分把握电视解说的外部环境和内部条件，尽量寻找同其他手段相互配合的最佳途径，否则，写得再热闹、再精彩，无法进行实际的操作，也等于一番空谈，白费工夫。

一、电视节目的选题策划

中国电视虽然经过了几十年的发展，但节目的制作和运行基本还是“摸着石头过河”，无章可循，缺少比较科学规范的运作程序；节目质量参差不齐，基本依编导个人的能力而定，无法得到运作机制的充分保障。随着电视改革进程和竞争的加剧，近年来，“电视策划”这个字眼逐渐浮出水面。节目策划工作的重要性越来越突出，像《东方时空》《实话实说》《新闻调查》等栏目的成功策划，使从业人员越来越重视策划这一环节。电视节目制作从过去只重视具体的制作过程、轻视前期的策划创意和后期的宣传包装的“枣核型”运作，逐渐过渡到更加重视两头的“哑铃型”运作，即重视前期策划和后期的宣传包装，而对中间的制作过程形成规范化的操作程序。这样一种“哑铃型”的运作模式，对节目的整体质量和水平的提高提供了有力保障。

随着节目策划环节的重要性日益凸显，一批专业的或兼职的电视节目策划人应运而生，活跃在各个电视频道的改造和电视栏目的运作过程中。他们有的来自大专院校、科研机构，有的来自其他新闻媒体，或者是社会上的各路精英。他们中有些是电视或新闻方面的专家，有些是某个行业领域的专家。他们以广阔的视野、活跃的思路、灵通的信息以及独到的专业知识，为我国电视事业注入了一股蓬勃的生机，很大程度上弥补了从业人员在素质、视野、积累、眼光、深度方面的欠缺。由于他们相对比较独立，同电视台之间不存在隶属关系，他们的思路不至于僵化。近年来，我国电视改革的步伐较快，同重视加强策划环节关系很大。可以说，成功的策划是节目成功的重要保证。

(一)节目题材的选择与确定

选择什么样的题材创作，首先需要考虑频道和栏目的整体要求和基本定位。是专业频道，还是综合频道？栏目的类型、风格和经营范围的要求怎样？栏目播出的周期和时段如何安排？以下这些因素是必须注意的：

1. 环境因素

一个选题的确定，应该考虑节目出台的外部环境。它包括大的时代背景和社会环境，社会文化心理和时尚潮流，观众的审美趣味和收视心态，所处地区的地域环境和民族特色，甚至节目出台的时间和时段，等等。

如果“不识时务”地制造一些不和谐之音，不仅会严重损害媒介自身的形象，而且会引起观众的强烈反感。

在不同的地区，由于经济发展水平、资讯流通程度、生活习俗和流行趣味、地域民族特色的不同，同样一种类型的选题，在有些地区可能大受欢迎，换一个地区可能遭受冷遇；在国内默默无闻的节目，在国际市场可能十分走俏，如一部在欧洲影响很大的纪录片《云之南》，在国内却几乎无人知晓。

电视节目播映的时机和火候，是确定节目选题的重要因素。再好的节目，如果推出的时机不对，未必能取得良好的效果；有些制作水平一般的节目，如果推出的时机恰逢其时，也可能取得不错的收视或社会效果。某种题材、某种节目样式，尽管曾经红极一时，但当它们被炒作得过多过滥、处于走下坡路的时候，还要跟在别人后面拾人牙慧，在观众已经感到厌烦和疲惫的状态下，就会难以取得相应的效果。观众的兴趣和关注点在不断变化和转移，时尚潮流和流行趋势的更替周期越来越快，有时甚至是“你方唱罢我登场”的局面。因此，要准确把握观众心理和社会动向，在新鲜事物初露端倪或未萌芽之际就进行敏锐捕捉；“为时而作”是确定选题的重要依据。

2. 政策因素

节目选题的确定必须考虑相关方针政策、法律法规、宣传口径、舆论导向、媒介角色、话语权力等因素的影响。特别是对外交政策、民族政策、宗教政策、大政方针、个人隐私等敏感的问题应尽可能考虑周全，不能图一时之快信手拈来，以致造成难以挽回的局面。

电视媒介所拥有的话语权不是无限制的，更不是无节制的，在我国现行体制下，其特殊的“喉舌”身份和角色使其在进行舆论批评和监督时必须考虑可能引起的社会影响。对某个事件的调查报道、对某个人物的采访、对某种现象的臧否评说都可能被认定为一种信号、一种标志、一种定向。比如,尽管《焦点访谈》不是司法机构和信访机关,但每天的上访人员和上访信函络绎不绝。它的相关报道能直接影响某些当事人的命运和推动司法介入。电视媒介在我国的这种特殊影响和角色地位,要求我们对其必须慎重对待和恰当使用。不同行政级别所属的电视媒介,其拥有的话语权有所不同,因此在确定选题时必须考虑相关的政策界限和可能产生的实际影响。

甚至在选择节目播映的日期和时段时都要考虑相关的政策因素,如他国领导要来访时,可能引起外交误解的节目就不宜播放;比如中东阿拉伯国家领导人访华时,就不宜播出反映以色列和犹太文明的节目,否则,可能引起不必要的外交纠纷。

选题的政策性因素考虑,不是为了束缚媒介的手脚,而是为了选题的顺利通过和实施,避免中途夭折或者带来严重的负面效应,从而影响整个栏目和频道的形象。

3. 竞争因素

电视节目选题的确定,要求对相关电视节目类型的发展历史和水平现状有充分的了解。这样才能使节目策划者掌握此类选题以前是否做过,达到了怎样的水平,如果现在去做有哪些新的角度、有哪些创新点,能否超过以前的创作水平,能否适应今天的发展水平和观众需求。如果不了解这些,某个选题别人早就做过了,而且做得很好,你还在重复走老路,就很难取得预期的效果。同时,节目选题必须考虑其他电视台、其他频道、其他栏目的相近时段在制作播出什么节目、有什么计划、进展到什么程度、它们具备的条件和能力怎样,尽量避免题材雷同的现象。

比如,关于反映"摩梭人"特殊的社会生活及婚姻状况的题材,全国各地电视台先后制作的电视节目不下十几部,反映的内容和角度也都大同小异,如果你也要做这样一个类似的选题,那么,必须对别人的作品有充分的了解。否则,某些你自以为得意的发现,很可能是别人早已炒过的"剩饭"。

选题的确定还要考虑节目的制作周期和出台时机。如果你的制作周期太长,别人同一题材的节目抢先播出或者时过境迁,对此类题材的关注点已经转移，便很难达到节目预期的播出效果。

节目选题的确定还需要考虑很多因素，其中环境因素、政策因素、竞争因素是必须考虑的因素。选题的确定，一方面需要节目策划者视野开阔，广泛涉猎，关注社会的各个层面、行业、群体，不断对社会的方方面面进行“搜索”和“梳理”，另一方面又需要节目策划者具有职业的敏感，眼光锐利，善于发现，迅速反应，准确捕捉，能够从别人未曾注意的地方挖掘出有价值的东西，在事业初露端倪的时候就看到它的发展前景。

确定一个选题的恰当位置，就要为它寻找一个合适的坐标点。一般来说，节目选题的坐标点应当这样定位：部门、行业、领域、群体应当成为它的横坐标，三百六十行在脑海中搜寻一遍，哪个行业、哪些人在做些什么？是否值得媒体的关注？他们是不是被遗忘得太久了？留心一下往往会有意外的发现；而时间应当成为它的纵坐标，一年三百六十五天，这一天有什么特殊的意义？是不是纪念日或社会活动日？历史上的今天是什么日子？是多少周年的大日子？仔细算下来，几乎每天都有点名堂。那么如何把纵横两条坐标轴联系起来，就要根据“新闻”这条基本的线索确定选题的坐标定位。把当前发生的重要新闻、社会热点同行业和时间进行对应，寻找其中的结合点，如果能发现三者的关联，可能就会进入我们的选题范围。

任何一个好的选题都不是随便得来、偶然发现的。任何一次偶然的背后，都有必然的准备。只有长期积累、反复寻觅，才能偶然得之。

（二）对节目选题的理性分析

节目的选题确定，必须经过理性的分析和准确的判断，要对选题的典型意义、思想内涵、审美价值、挖掘深度、具备条件、预期效果进行细致的研究分析，反复地衡量、比较，把影响节目成败的所有因素和环节尽量考虑周全。

一般说来，一个节目的成功主要得益于以下几种情况：

1. 较好把握节目播出的时机与火候

选题的确定需要对社会时尚潮流、群众关注热点、观众收视心理有准确的把握。节目在大家翘首以盼的时候问世，能极大地迎合和满足广大观众的需求。比如每年的“3·15”之际，各电视台都会推出一系列维护消费者权利的直播节目，以及有关“打击制假、贩假”系列电视节目；或者是根据当前社会形势与宣传方针，与某类题材、某种类型的节目进行配合，一旦及时推出，就能引起社会强烈关注，产生重大社会影响，如香港回归前播出的《香港沧桑》、澳门回归前播出的《澳门岁月》的成功，大都属于这一类情况。

2. 以题材的新颖、独特取胜

这类题材往往是人们日常生活中很少接触到的现象，比较罕见、奇特，具有先天的刺激性和吸引力，它可以极大地满足观众的探索欲和好奇心。那种新鲜的见闻、新奇的感受和体验，可以开阔观众的视野，使他们从平庸单调的生活中得到探险般的快感，成为他们茶余饭后津津乐道的话题。像《藏北人家》《最后的山神》《神鹿啊，我们的神鹿》等节目的成功，大都得益于此。此类选题，也比较容易得到国际同行的认可。

3. 以独特的个性特色或新颖的形式美感取胜

在诸多电视节目之中，如何能够引起观众的注意，吸引他们的目光，很重要的一个因素就是其不可替代的个性特色能够给人不同凡响、耳目一新的感觉。电视节目中相互模仿的现象过多，如果在表述方式、观察角度、包装形式方面有所突破和创新，提供崭新的视听感受，往往会引起观众的强烈兴趣。像中央电视台的《实话实说》《朋友》、北京电视台早期的《北京特快》和《城际特快》等节目的成功，主要在于形式上的突破。

4. 以主题深刻、挖掘深入、报道充分、分析精辟而取胜

这种类型的节目能够给观众以极大的思想启迪，使他们得到智慧上的升华。这类节目的成功在于有所发现，从司空见惯的社会现象中挖掘出深层次的问题，提炼出人人有所感觉但却没能准确表达的见解，能够产生使人拍案叫绝、赞叹不已的效果。国内拍摄的一些政论片和文献性纪录片之所以受到观众的欢迎，其中一个重要的成功因素就在于此。

所以，在对选题进行分析的时候，判断其是否具有创作的价值和意义，必须考虑其着眼点在哪里，要从选题本身是否具备一定的新闻要素、是否是当前观

众和社会关注的热点、是否在众多相近的题材中最具有典型性、是否有足以吸引观众兴趣的独特性、是否具有可以深入分析和挖掘的价值等几方面进行分析。这就为节目的选题报告提供了充分的依据和基础。

电视节目的制作是一种高投入的创作，为了保证节目的质量和播出效果，主管部门的负责人必须看到足以令其信服的选题报告，才能够下决心付诸行动，投入拍摄制作。所以，在所有的电视文本中，节目选题报告是出现最早、使用量最大的一种文字形式。节目选题报告写得如何、是否有足够的说服力和吸引力、是否能够打动决策者和投资者而使他们下决心肯定选题投入拍摄，是节目创作的重要环节。如果一个选题报告不具有足够的说服力，再精彩的选题创意也无法付诸实施。

节目选题报告的基本要求是简明扼要、清晰明确、有创新性、可操作、具有足够的说服力。一般节目选题报告大体应该包括以下基本内容：

(1)拟播出节目占用的频道和栏目，节目播出的时段，节目时长；

(2)拟定节目的标题名称以及副标题和供选择标题；

(3)拍摄对象和内容的情况介绍；

(4)拍摄目的和预期目标；

(5)拍摄场点、路线、设备、人员、经费以及拍摄制作周期；

(6)节目内容的基本结构和表现方法；

(7)节目创新点和相关背景介绍；

(8)节目收视对象和收视率预测；

(9)栏目制片人和主管领导的意见。

由于节目的类型和形式不尽相同，选题报告的内容和详略程度也会有较大的差异。像中央电视台每年的春节联欢晚会或大型社会活动的电视现场直播，这样的选题报告就要详尽得多，也复杂得多。但无论如何，以上这些基本的内容都不可或缺。

在节目选题报告中，最为重要的是“说服力”三个字，要想使你的选题顺利通过，必须在“说服力”上下功夫。在一定意义上，争取选题通过的过程、说服领导肯定的过程，也是争取未来观众的过程。能够让决策者看过之后觉得眼前一亮、怦然心动的选题报告，可以说就是满足了选题报告基本的诉求。

二、电视解说的创作构思

电视解说的创作构思，是对电视节目从内容到形式的全面考虑，不可能离开节目整体创意。所以，电视解说的构思也是对整个节目的创作构思，只不过从解说这个角度考虑得更多一些而已。电视解说的创作构思，关键是要把握四个环节：占有材料、选择角度、安排结构、捕捉细节。

（一）充分占有材料

电视节目所反映的社会生活内容极其丰富多彩，涉及的题材五花八门、千差万别。三百六十行都可能进入我们报道的视野，成为制作节目的选题。每个电视记者或编导，虽然个人的阅历积累、知识储备有所不同，但任何人都不可能成为所有报道领域的专家。而电视解说又承担着向观众传达信息的主要任务，如果解说词的撰稿人对所要报道的问题都一知半解，那怎么能使屏幕前的观众有所收获呢？所以，撰写电视解说词必须在创作之前充分占有材料。

“巧妇难为无米之炊”，你的能力再强，技巧再高明，也不能无中生有，必须对所要报道的对象、所要反映的问题有尽可能深入的了解，全面而准确地把握；把有关的材料尽可能收集起来，把相关的问题尽可能考虑周全，只有这样才不至于因为重要材料的缺失而遗憾，也不至于考虑不周而失误。

占有材料主要通过搜集整理、调查采访、座谈讨论、思考分析来解决。主要包括：相关的文字材料，如背景资料、个人回忆录、经验事迹总结；其他媒介的相关报道、有关文件法规等；相关的图片资料、影像资料、录音资料和具体的实物资料等；所拍摄的全部画面素材、采访素材等。在浏览这些材料的过程中，一定要善于发现和捕捉有用的材料。一方面，根据节目设定的主题和方向进行选择和取舍；另一方面，要善于发现素材中那些更为鲜活、更有意义的信息，因为也许一次偶然的发现和挖掘会改变整个节目的思路和侧重点。

一般说来，搜集相关材料是节目创作的必由之路，创作者大体都能做到，只不过投入的力量和发现的眼光有所区别而已。对于材料，只要肯花工夫，大部分都能搜集到手。对编导和撰稿人最大的考验，是围绕节目选题能够“想”到的材料。“想”是节目创作一个极其重要的过程，既是一个占有材料的过程，同时也是一个思考、分析、联想的过程。这个过程，对以后的创作环节都会产生某种潜在的影响。因此，在创作之前围绕选题进行反复深入的“想”，是一个不可或缺的过程，应当引起每一个电视节目创作者的高度重视。不少节目原本是一个不错的选题，由于创作者“想”的不够或考虑不周，结果不是做“偏”了，就是做“浅”了，把很好的题材白白浪费掉，非常可惜。

比如，有一部短片报道沂蒙“红嫂”六姐妹进京的故事。本来是一个很好的报道题材，但由于编导考虑不周，几乎用了五分之四的篇幅表现这些来自贫困山区的老大娘到了北京这样一个现代化的大都市，住豪华宾馆、吃豪华宴席、享受贵宾般的待遇时显示出的狼狈、尴尬和不适应，就好像刘姥姥进了大观园，手足无措，成了被戏谑、被取笑的对象，也就成了屏幕前观众的笑柄。创作者没有进行换位思考，一不留神，把潜意识中那点儿“贵族化”的倾向带了出来。

类似的例子还有不少，比如张艺谋的影片《一个都不能少》的女主人公魏敏芝，原本是一个普通的非职业演员，电影的成功使她一夜成名。她的个人理想也随之改变，不情愿只作一个山村教师，希望成为一个电影演员。这种想法原属正常，无可厚非。而我们的各种媒介在节目中对女主人公的愿望大大嘲笑一番，认为其好高骛远，不知天高地厚。殊不知这种贵族式的态度，刺伤了屏幕前农村少女的心，粉碎了她们憧憬中的梦想。创作者只想到了问题的一个侧面，却忽略了可能产生的负面效应。这种贵族化的倾向，在宣传“希望工程”捐助贫困失学孩子、在资助特困大学生的一些电视节目中或多或少都不自觉地有所流露。

创作节目、撰写解说应该想到的问题必须尽可能想到。围绕题材“想”材料，说起来复杂，其实也很简单。可以随手拿一张纸片，想到一点儿，记下一点儿，想出一条，记下一条。凡是和这个题材有关系的问题，无论将来是否要用、是否合适，都先把它记下来。一个题材，起码要想出几十条甚至上百条的相关问题。把凡是可能涉及的方方面面尽可能想到，不怕累赘，不怕重复，然后，再把这些随意想到的材料进行归纳、整理、分析、鉴别，看哪些是可用的，哪些是备用的，哪些是可合并同类项的，哪些是最具典型意义的，哪些是可以顺便交代的。当然，可能大部分的材料将会被淘汰，但正因为有了这样的选择过程，在节目中使用的材料才可能是最有价值的。有些材料或许比较游离于主题要求，但由于语言关系的丰富性和多义性，有时在解说的行文中顺笔带出，也会使解说语言妙趣横生，产生韵外之致和多侧面的观照效果。“想”到的材料越多、越丰富，在创作的过程中才能左右逢源、游刃有余。

多想不仅可以为我们提供丰富的素材选择，而且可以让我们选择出新鲜的切入角度和灵活的表述。譬如，有一次我们出了一个“药”字，让同学们做练习。出题之前我们想到了关于“药”的方方面面的材料，中药、西药、草药、汤药、丸药、膏药等，甚至连假药、毒药、农药等也都想到了。但一个同学的作业却选择了一个谁也未曾想到的切入角度。他一开始是这样写的：“世界上的药有千百万种，大都是治病救命的，但是使用量最大的药是什么药呢？是‘炸药’！”这点我们事先不曾想到，给了大家意外的惊喜和新鲜的感受。

在创作之前收集素材的过程中，“多想多思”是一个非常重要也非常有用的环节，希望引起大家的重视，避免创作中出现明显的偏差或重大的遗漏。

(二)选择合适的切入角度

许多电视节目的编导都有一个深切的体会，选择了合适的角度，节目就成功了一半。我们在日复一日的创作过程中其实很难遇到真正全新的题材或者别人从来没有做过的题材。独特罕见的题材往往是可遇而不可求的。我们平常接触到的多数是常规的题材、相似的题材、别人做过或正在做的题材。题材的雷同、接近、撞车是难以避免的。譬如，我们报道先进人物、介绍英雄模范、表彰见义勇为的勇士等，是多年不衰的题材类型。不少这类节目的解说词也大同小异，无非是“勤勤恳恳，踏踏实实，埋头苦干，任劳任怨，几十年如一日，不求名，不图利，不迟到，不早退，顾不上吃饭睡觉，没工夫照顾家人……”类似的八股腔，观众早已耳熟能详，很难产生真正的感人效果。

对于同样或相近的题材，怎样做才能另辟蹊径给观众耳目一新的感受，产生良好的收视效果？关键就是选择一个新的、合适的角度。

其实，任何一个题材都会有多方面的对应关系。比如社会的、功利的、审美的、心理的、历史的、道德的……所以，我们接到一个选题，一定要像看一个魔方一样，把它的六个侧面都反复看上几遍，经过对照比较，选择一个最佳的色块开始转动。如果你选择得好、选择得对，就转动得快，成功的可能性就大，否则，就转动得慢，成功的几率就低。选择角度，一般应该遵循以下思路：

排除第一反应，不用第一选择，就是打破惯常的、传统的角度。接到题材后产生的直接反应，往往是一种定势思维，按照朱光潜先生在艺术心理学上的说法，是一种"套板反应"。你能够这样想，别人也会这样想，你选择的切入角度是一般人都会想到的角度。所以，对直接反应出来的第一选择，一定要暂时搁置起来不要使用，要进一步思考，看有没有可能寻找出更新的角度。如果经过反复的比较对照，还是认为第一次的选择比较合适，又重新回到原先的思路上，那恐怕就是可以认定的最佳选择了。但这一次不是简单的复归，而是一次螺旋式的提升，是一个必须经历的选择过程。

特别是对于一些重大社会活动的报道，我们往往采取一种惯常的、极其宏观的报道模式。当年凤凰卫视对香港回归进行报道时，我们看他们的切入方式：一个小男孩儿在北京天安门广场的红墙前放飞一只红色的气球；一个小女孩在香港放飞一只黄色的气球；两个孩子仰望气球飞翔那关注的目光，期盼的神情；两只气球飘飘荡荡越升越高，在香港会展中心上空汇聚在一起；一架飞机飞过来，上面书写着关于香港回归的报道字样。该报道切入自然、寓意深刻，非常值得我们借鉴。

接近性是选择角度的重要原则。选择角度越是小，越是具体，越能够接近观众。所以，最好通过具体的人物、事件、故事、细节展开叙述。再重大的题材、再宏观的事件，也可以通过很小的切入点逐步展开，以小见大、由实入虚。比如，改革开放以来，全国各地的新闻媒体都在组织一批反映我国社会生活发生翻天覆地的变化的报道。此类报道题材相同、过程相似、评价一致。怎样发挥电视的优势吸引观众而有所突破，关键就是选择一个恰当的切入角度。那些给人留下深刻印象的节目，切入的角度往往很具体，甚至很细小。比如通过老百姓购买商品时手中那一张张小小的票证的历史变迁，生动反映出改革开放以来人民生活的巨大变化。还有一部片子切入的角度更为独特，它从一户普通百姓家中小小的电源插座入手，形象、生动地反映了改革开放以来物质供应的丰富、人民生活水平的提高。

越是重大的题材，越要寻找和普通观众的心理接近性。《普通法西斯》是一部反映第二次世界大战的作品。作者从一组小小的儿童画切入，一面普通的墙壁上，孩子用稚嫩的笔画出自己母亲的形象。每一个母亲都认为自己的孩子是世界上最可爱的孩子，每一个孩子都认为自己的母亲是世界上最美丽的母亲。然而，在希特勒的蛊惑宣传下，德国这样一个极富理性的民族，其人民却被训练成一个个残暴的法西斯匪徒，去屠杀其他国家的母亲和孩子。这个切入点看起来很小，但却产生了巨大的艺术震撼力。

多向思维，就是要求我们在创作中应该尽量站在不同的立场上，从各种不同的角度，以不同的角色身份观察事物、思考问题。对中国的、外国的，正面的、反面的，政府的、百姓的，宏观的、微观的，赞成的、反对的，媒介的、个人的，客观的、主观的等多种可能性的比较，可以使我们避免片面性和单一性，使我们在多种价值取向的矛盾冲突中做出更加冷静与正确的选择。

反向切入，是一种创造性思维的角度。通过转换立场、转换角色，从完全不同的角度观察和思考问题，摆脱惯常的思路，往往能够发现新的切入点。正面攻不上，反面攻或侧面攻，或许能够找到最佳的突破口。反向切入，不一定是从反面去表现，而主要是通过不断地对惯常的思路提出疑问和挑战，多问一些为什么，在质疑的过程中发现新的表述方式。一个不善于提出问题的编导，一个不善于打破常规的编导，一个不敢否定自己的编导，不可能是一个出色的编导。对撰写解说词来说，同样一层意思，你能不能有新的说法？同样一个故事，你能不能找到新的叙述角度？创作的过程，就是一个不断向传统思维方式发出挑战的过程。艺术创作的规律要求在“情理之中，意料之外”，既合情合理，但又能出奇制胜。我们的一些节目制作却总是违背这个规律，常常把节目做成“情理之外，意料之中”。许多获奖的节目，都是通过反向思维转换思路和切入角度，找到了通向成功的道路。

西藏电视台的记者，有一次要拍一条农村春耕的新闻，提前一天通知一个村里的干部，第二天记者要去他们那里拍一段春耕犁地的镜头。不料，记者第二天扛着摄像机到了现场，一下子傻眼了。这个村听说要拍电视，把全乡所有的拖拉机都集中起来一块儿开动，又把全乡所有的汽车都集中在这个村里，车上装满了农药、化肥。最可气的是，藏族村民一个个穿着节日的盛装，载歌载舞，完全是在弄虚作假。怎么办？记者把这些场面原封不动地拍了下来，但是，在报道的时候却换了一个全新的角度。这条新闻的标题是“泽当农民想上电视”，成了反映藏族村民一种愿望、一种心情的报道。这样一个思路的转换，使得这条新闻获得当年全国“电视好新闻”的一等奖。

类似成功的例子还有一些，比如河南开封一次常规的会议报道。由于会议冗长乏味，与会人员一个个无精打采，状态千奇百怪，不堪入目。看到这样的场面，记者思路迅速转换，将角度改成了批评文山会海的报道。该报道也获得当年“电视好新闻”的一等奖。

常规报道可以变成突发事件的报道，正面报道可以变成批评报道，那么，对先进人物的报道，可以打破固有模式吗？同样可以。浙江电视台拍了一部片子，介绍优秀的青年越剧演员何英。片子一开始就这样写道：

> 我们的各种媒介，告诉给我们的何英，不外乎所有功成名就的演员们一样。酷爱越剧，勤奋好学。园丁辛勤培育，自个儿发奋努力。流汗流泪流血，梅花暗香苦寒来。诸如此类，其实，不全然。

一个“不全然”，把前面一堆溢美之词都抛弃了。接着，又编了一段采访，可是采访对象根本不跟记者配合。一般我们会把这些采访作为废素材放弃掉，但编导偏偏把这段采访用了上去。记者问何英：

> 当年你是怎么想的？去投考嵊县越剧团的？——不晓得。
>
> 你平常都喜欢干些什么？——不晓得。
>
> 喜欢看书？——不喜欢。
>
> 喜欢看电影？——不喜欢。
>
> 嗨嗨，这么说你除了越剧什么都不喜欢了？——我越剧也不喜欢。

接下来,解说写道:"这是何英对待我们初次来访的回答,不合作之态溢于言表。事后我们得知,先于我们采访她的记者为了追求一些可读性,妙笔生花,生造了一些情节,弄得主人公很是难为情。"由于过去采访她的记者夸大其词,主人公不愿意同记者合作了。写到这里,突然话头一转:"可也不全是假话,当年投考嵊县越剧团,并不是因为什么酷爱越剧,而是因为当时可以逃避上山下乡,逃避接受再教育。"

该报道把一个真实的、不务虚名的人摆在观众面前,人物的形象生动感人,有很强的亲和力和感染力。

创新的追求是没有止境的,角度的选择是体现创新意识的重要一环。有了创新的意识,才能有创新的成果。

(三)合理组织、安排结构

电视解说是一种叙述方法,其叙述方式对节目的组织结构会产生重要的影响。同一般文字叙述不同的是,电视解说叙事的特点在于它的间断性。解说需要通过和其他电视手段的相互配合才能形成完整的表述体系。因此,撰写电视解说首先需要看电视画面提供了哪些信息,其他手段可能提供哪些信息,还有哪些信息是需要解说传达的,在画面的什么位置传达这些信息。解说就像草蛇灰线一样,时断时连、若隐若现,充分利用语言准确、清晰、变化灵活的特点,对画面和其他信息进行整合。

电视节目的结构方式有许多类型。比较基本的结构方式主要有三种:按照时间的顺序演进安排结构、按照事件的发展过程安排结构、按照事物矛盾的各个侧面来安排结构。其他的结构形式都是这三种基本形式的组合、变形、易位或交叉。但是,无论结构怎样变化,一定要注意两个基本原则:一是单一化和明晰化原则;二是不可预测性原则。

电视节目是具体生活和形象的再现,必须有具体的形象载体作依托。不仅是事件性的报道,任何人物、话题或现象的报道,都必须注意其叙事结构的过程性和情节性,尽量找到一个具有承载力和牵动力的主干事件,把所要叙述的话题的各个环节通过这个主干事件串联起来,使整个叙事结构线索清楚、脉络明晰。电视叙事最忌讳杂乱无章、面目模糊。我们在组织结构的时候要尽量做到线索清晰，使观众有章可循。

电视解说在叙述时一定要注意突出事件过程的层次感，使事件的进程层层递进。善于通过解说的语气设置未知因素，也就是说即便已经调查得非常充分，自己对事情的前因后果了解得一清二楚，也要注意对“未知感”的设计，不能直来直去、一览无余。节目的结构尽量保持三个过程的一致：即事件的发展过程、记者的调查过程和观众的感受过程的一致。事件的发展过程，也就是记者的调查过程，同时也是观众的感受过程。比如说，一般最好不要把节目最后的落点作为起点，尽量保持落点与起点的非同性，尽可能提供比较充分的“反辩”内容，通过充分的矛盾对立面的展现，使事件的过程悬念迭出、跌宕有致、引人入胜。

我们看以下两种常见的结构方法：

一种可称为“瓜藤法”，以藤带瓜。比如《话说长江》《话说运河》一类的人文风光片，大体按照地理走向（或由西至东，或由北至南），采用长藤结瓜的结构方式，走一处说一处，江河如线，沿岸景点似散落的珍珠，金线串珠，牵藤引瓜。

《新闻调查》在做《公交优先》这期节目的时候，讨论出有关涉及公共交通优先发展的不少问题，怎样把这些不同的问题串联起来，需要找到一条清晰的线索作为载体。编导经过认真构思，决定采用北京 103 路公共汽车作为线索。这是一条贯穿北京主要城区的公交线路，有从起点到终点的路线过程，有从发车到收车的时间过程，可以在不同的地段、时间，把涉及公交优先的一些主要问题串联起来。

在《药费过载》这期节目中，为了反映涉及药费涨价各个环节的问题，编导通过追踪医院的医生开出一张“大处方”的流程进行调查。处方开出的是什么药？哪个药厂生产的？投入的成本价是多少？出厂价是多少？层层“吃回扣”“收红包”，层层加价加码，一种本来很便宜的药，到了患者手中就成了天价。处方的流程就是一个清晰的线索，带出了各方面存在的弊端。

另外一种可称为“以点带面法”，从具有延伸价值和发展空间的一个小点切入，采用“滚雪球”或“扯棉絮”的方法，越滚越大、越扯越长，把需要反映的问题都带动起来。比如,你要反映前国家副主席王震将军一生的主要经历,就可以从王震将军的家乡"浏阳"谈起。一提起浏阳,大家自然会想到一首脍炙人口的民歌《浏阳河》,"浏阳河弯过几道弯,几十里水路到湘江……"我们就可以通过这条江,把王震同毛泽东、刘少奇、彭德怀、贺龙等人联系起来,又可以同湖南近代史上的著名人物曾国藩、左宗棠联系起来。具体操作时关键是把材料整理归纳之后,选出一个最适宜延伸的生长点,找出其中的关联,有机地组织出逻辑合理的叙事结构。

解说词在这样的结构中可以发挥其他手段难以替代的作用,它可以通过联想、拈连、双关、谐音、取譬、对比等语言技巧,把表面似乎毫不相关的材料整合起来,形成比较统一的语感,借助语言形式上的关联,把内容材料架构得条理分明。

(四)善于观察、捕捉细节

细节的捕捉与表现,是电视节目创作中最重要的一个因素,许多相关的著作都从不同的角度强调过这个问题。对电视解说词的创作来说,细节的捕捉与表现不仅使节目表现更加具象化,在一定意义上,它也是解说词创作的基础和起点。

我们经常强调,细节最有真实感、最有信息量、细节最表现特征,这些当然都对。然而,对电视节目来说,细节最重要的一个特点在于它的不可替代性。这个细节只能是彼时彼地特有的,只能在这个特定的场合、环境下出现,它不是随时随地都能够出现,不是可以出现在许多人身上的。细节是不可复制、不可复现甚至不可模仿的。武警战士从汽船上一把抱下树上的小江珊,交警向司机一张张随意扔罚单,行人翻越公路护栏被汽车高高撞起……这些典型的细节都是不可替代的。

捕捉细节,首先需要有善于观察和发现的眼睛,通过对画面细节的仔细观察和认真分析,发现一般人不容易看出的形象特征或构成新的意象组合。在为《话说运河》撰写解说词时,作者反复观察运河在中国版图上的位置,观察运河的航拍画面,经过长时间的观察,突然发现,中国的长城和运河,一个由西向东,一个由北至南，恰好构成了一个大写的“人”字，于是欣喜地找到了解说的切入口，并由此写下了片子的第一集《一撇一捺》。这就是通过观察获得创作灵感的典型例子。在一部表现上海浦东开发的专题片中，为了准确说明浦东特有的地理位置，作者认真观察浦东的航拍画面，写下了这样一段解说：“如果说月牙形的海岸像一张弯弓，长江就犹如一支待发之箭，浦东这块金三角，正是射向未来与希望的箭头。”这种观察中的精彩发现，为解说的展开提供了坚实的基础。

画面细节为解说的展开提供了声画结合的最佳支点，只要我们细心观察，根据主题和内容的需要，巧妙利用这些“信息支点”展开解说，就能很好地解决如何根据完成的画面撰写解说的问题。

《半个世纪的爱》是一部反映金婚老人幸福婚姻的作品。我们看解说对几个画面细节的利用：

画面上一个老汉站在板凳上在翻一本很大的日历，老太太在旁边专注地看着。解说是这样的：“每天，这对老夫妻有一项不可省去的日程，那就是把东墙上的日历揿出新的一页。这本日历很大，每揿过一页，老伴就在屋里远远地望着老汉。这像是一种仪式，进行得很认真，又有些迟缓。他们感谢新的一天，也感谢过去了的一天，在昨天与今天的交接中，生命显示出了它的珍贵。”这是编导重点表现的一个细节。对老年人来说，每揿开一页日历，都非同寻常，都可以说是生命中的每天的仪式。

更多的细节是生活中自然的流程，不去注意它、强调它，可能就一闪而过。解说的一个重要作用，就是放大画面细节，通过解说的提示和强调，使观众感觉到画面其中的深意。

纪录片为了保持生活的原生态，经常使用不加剪辑的“长镜头”。虽然编导不去刻意地突出什么，但其中蕴含的信息无比丰富，需要认真观察、敏锐捕捉。在下面一段摇摇晃晃的镜头中，有几个放学的小姑娘无意之中闯进了画面。本来作品是反映老年人生活的，跟孩子没有什么关系，但是既然这些孩子偶然进来了，能不能利用一下呢？我们看解说：“胡同里的孩子们放学了，蹦蹦跳跳的，也是一个小女孩，她忘记跟同学打招呼了。当然，她不会特别关注对门院里的这对老人，更不会想到老人也曾蹦跳着走过他们的童年。”这真是神来之笔！其潜台词就是，总有一天，这些孩子也要变成老人。该解说巧妙地利用无意之中闯进画面的孩子，把生命交替、轮回的人生哲理体现得生动又自然。

在特别纷乱嘈杂的场面中，许多人不知从何下手去展开解说。接下来在月坛公园有一组老年人聚集的场面。作者敏锐地选取了一群身着红色上衣翩翩起舞的老人，强调了“色彩”这样一个细节，展开解说：“我们总以为，人到老年，尘埃落定，纷争远去，他们的生活也不再有更多的色彩了。其实，老年人对颜色更有自己的偏爱。特别是他们从各自的院落走出来，走到了一起，在秋天的阳光下，在大庭广众面前对着老兄弟、老姐妹展现自己的时候，他们希望能有些光彩。”颜色、道具、动作、姿势都可能成为解说展开的支点。

有些画面细节不一定处于画面构图的中心，可能处于画面中一个不被人注意的角落。如果这个细节能够与主题巧妙地联系起来，展开叙事或传递信息，就可以通过解说把它强调出来，加以放大，引起观众的注意。捕捉画面细节的能力，是撰写电视解说非常重要的基本功。这种能力要求记者要在人所共见的画面中发现独到的信息支点，要根据主题和内容的要求寻找展开解说的恰当契机。通过存在的信息去发展需要的信息，细节就是最好的支撑点。

在观察画面的时候，不要只用眼睛去看，而要调动多种器官参与观察。所谓观察，实际上是一种全方位的感受，运用视觉、听觉、味觉、嗅觉、触觉去感受画面。人的感觉器官会在一定条件下产生暂时的联系，产生一种感觉上的沟通，在艺术表现中我们称之为“通感作用”。比如，人为什么能够望梅止渴呢？就是视觉和味觉产生了暂时的联系。

画面虽然最大限度地再现了事物的感性存在状态，但像气味、手感、冷暖等感受却无法传递给观众，而观众又希望全方位地感受影像世界。因此，就需要借助解说的力量，调动观众的经验想象，使味觉、嗅觉、触觉都要发挥作用。比如，在高空中走钢索的表演，在此类报道中，风速是一个非常重要的信息，而观众仅通过画面是无法了解准确的风速的，需要解说给以全面的传达。

记者在现场报道时，要求做到“全感采访”，把自己在现场的各种感受全方位地进行报道，尤其是那些通过画面无法直接体验的现场感受。解说词的创作也需要通过记者观察时的切身体验，通过相关的背景材料，在语言的调动下，使观众的感受更加丰富而全面。在《竹》这部专题片中，有一个画面是洁白的雪花落在淡黄色的梅花上，解说不去表现其色彩及形状，而是写道："雪花沾染上了梅花的芳香，梅花也感觉到了雪花的清凉。"这里的"芳香"和"清凉"都是看不出来的，而是人感受到的。

画面细节是展开解说的支点和契机。电视解说应该来自画面，又回到画面。解说词的撰稿人应该有敏锐的眼光，善于观察画面，仔细捕捉那些适合展开解说的画面细节。画面与解说互为支撑，又相互补充、相互借力，而不能彼此割裂、各行其是。出色的观察力、准确的判断力和恰当的利用力，是撰写电视解说必须具备的基本功。

电视解说的创作构思，没有什么一成不变的固定模式，它需要因地制宜、因时制宜，根据不同节目的实际需要而灵活处理。外部条件和环境的任何一点变化，都可能会引起创作思路的相应变动。电视解说不同于个人的文学创作，不能以不变应万变。其中最重要的是处理的准确、安排的适当。我们前面所讲述的方法只是一些基本的思路和规律。真正掌握其中的奥妙，需要在实践的过程中逐渐摸索和领悟，找到一条适合自己创作特点的创作之路。

思考题

1. 选题策划需要注意哪些因素？
2. 应当怎样书写节目选题报告？
3. 怎样捕捉画面细节展开解说？

第六章 电视写作的结构与叙事

在广播电视作品中，不少作品通过有设计感的结构组织相关的素材，形成有力度的叙事表达。特别是广播电视专题和纪录片，其时间长度决定了它可以通过叙事策略，完成故事的建构、观点的表达和情感的传递。

什么是叙事呢？通俗地说，叙事就是对一个真实或虚构的事件所进行的叙述。

中国的传统叙事学有自己的原则，例如我们常说的凤头、猪肚、豹尾等，就是对整体结构的要求。西方叙事传统强调“故事”和“话语”两个部分。故事，指的是所叙述事件内容以及其中的人物和事件背景；话语，则指的是文本传达内容的手段，包括叙事的视角、叙述人等。

在本章中，我们将结合中西方叙事的理论，从开场设计、悬念设置、叙述方式、冲突表现、节奏把握五个方面，来分析优秀作品中值得借鉴的叙事方法。由于广播与电视一脉相承，电视节目与广播节目制作也有相似之处，我们在此章节中将同时使用广播和电视领域的案例作为分析的样本。

一、开场设计

在中国古代诗学中，曾有人提过“起句当如爆竹，骤响易彻”。换成白话的意思就是说，写诗的第一句话得如爆竹一样，振聋发聩。我们知道中国传统的叙事学都隐含在诗学、戏曲和小说的创作之中。虽然刚才说到的这种提法不尽客观，但至少给我们一个提示，即开头至关重要。

(一)以新闻事件开场

新闻,是对新近发生或正在发生的事实的报道。因此,在开场中通过新闻事件的代入,简单明确、直接有力,特别适合重大突发事件的新闻专题报道。在电视节目《揭秘大毒枭糯康》中,主持人的导语是这样写的:

> 今天是6·26国际禁毒日,今年国际禁毒日的主题是"抵制毒品,参与禁毒"。在今年的5月10号,缅甸大毒枭糯康被我国警方从老挝押解回国。糯康的落网,也使得105湄公河遇袭案的真相逐步地浮出了水面。为了立体呈现这一案件的始末,日前本台记者兵分两路,一路赶赴金三角老挝等地拍摄,亲历案发现场和糯康的落网地点,另外一路记者则独家专访了糯康本人。

在这个片段中,主持人首先提醒观众当天是"6·26国际禁毒日"。这是电视传播中按照当前话题所做议程设置的常规安排。这也提醒了电视机前的受众当天话题的特殊性。随即,导语中将5月10日大毒枭糯康落网的新闻托出,作为点开全片的开场事件。糯康之所以能盘踞在金三角、湄公河一带,是该地区复杂地缘政治的一个外显现象。糯康的落网,是一次刑事案件的侦破,但同时也显示了我国对该地区相关事件的掌控能力。这样的安排,实际是以一个人物的事件来呼应当天的新闻议程设置,使得新闻人物、焦点事件与当天的主题相得益彰。

(二)以提出问题开场

设问,是一种常见的修辞手法,常用于表示强调。在广播电视节目的开场设置问题也是一种较为常用的方式,往往为了强调某部分节目内容,故意先提出问题,明知故问、自问自答。正确的运用设问能引人注意、启发思考,有助于层次分明、结构紧凑,可以更好地描写人物的思想活动,突出某些内容,使广播电视写作平地起波澜,形成多种变化。

我们先来看一个广播节目的案例《地沟油,你去了哪里?》。以下是其开场部分的写作：

上海市民在餐厅里消费，吃剩下的油去哪儿了？一些街边小摊，使用的油从哪儿来？这两个问题看似不相关，但据多位业内人士估算，上海每天产生的地沟油中，只有三成左右进入了本市两家正规的处理企业，听到这个说法时，我不禁冒了一身冷汗。油到哪里去，油从哪里来？这两个问题的答案会不会纠结在一起，形成一个互为因果的循环呢？

在这期节目的一开场，记者便抛出了三个问题。记者用这样三个问题，将听众一下子吸引住了，因为这与普通百姓的生活息息相关。问题，是一个开放式的开场，相当于给受众设置了一个悬念。

下面再来看央视《新闻调查》一期电视节目《钱云会之死》，其开场的部分是这样的：

一位上访村官的意外死亡，是蓄意谋杀，还是交通事故？

在浙江温州乐清市蒲岐镇，有一个名叫寨桥村的临海村庄，一条名叫虹南公路的交通干道从村口经过。2010 年 12 月 25 日早晨，在公路和村口交界处，53 岁的寨桥村前任村委会主任钱云会被一辆工程车碾压死亡，但是村民们并不相信这是一起普通的交通事故，他们中间流传着一种说法，有人目击钱云会是被四个人强行按在车轮下碾轧致死的，这个说法迅速通过网络传播开来，引起了公众的强烈关注。事发当天，有媒体转载了网友列举的五大疑问，工程车逆行之谜，死者身体方向之谜，路口摄像头失效之谜，工程车不刹车之谜，肇事司机被带走之谜。这些疑问，都指向钱云会有可能是被谋杀的。随着事件的发展，在网络上和媒体报道中，质疑和猜测每天不断更新，加上死者是长期为征地问题上访的前任村委会主任，使得人们对钱云会的死亡真相疑问重重。

在节目的一开场记者就将事件的背景呈现了出来。由于事件在网络上有较大范围的影响，记者还搜集整理了网上关于事件的“五大疑点”，这些其实也是向观众暗示出了五个疑问。疑问能够形成悬念，因此，事件真相究竟是怎么样的，吸引着观众的注意力继续往下观看。而在本期节目中，记者通过对各个政府部门的走访，了解了多方面的情况，也通过对当事人的采访，厘清了真相。这样的结构和处理方式，与开场的问题相互呼应，形成了最后悬念的解除。

（三）以设置趣味开场

趣味点具有使人感到愉快、能引起兴趣的特性。广播电视节目在写作过程中往往会通过趣味点的设置，让观众会心一笑，将其带入到节目的情境之中。

以下是广播专题节目《乌苏人家的守望》的开场段落：

> 凌晨两点的乌苏镇，天刚露出鱼肚白，一位面色黝黑、头发花白的老人，哼着小调，走在黑龙江江畔的青石小路上，老人名叫张胜海，是乌苏镇的镇长。说是镇长，实际上这个镇只有一户居民，就是张胜海和他的老伴。

这是黑龙江电台采制的一期节目，而节目播出的当天，恰好是回归之后的黑瞎子岛正式向游人开放的日子。黑瞎子岛是位于黑龙江和乌苏里江交汇处的一个岛系，历史上是中国的固有领土，自 2004 年开始，其西半部为我国所有，东半部为俄罗斯所有。

在这期节目的一开始，解说提到了在凌晨两点大家都还在熟睡，一位哼着小调的老人登场了。解说跟进介绍了这位老人的身份，他是乌苏镇的镇长。乌苏镇，作为中国最早迎接阳光的小镇，这里与黑瞎子岛只有一江之隔。但有趣的是，这个镇只有一户人家，就是镇长和他的老伴。这种充满趣味式的开场，让受众对报道的内容产生了兴趣。在后续的节目中，记者通过对资料的展示，还原了乌苏镇地理位置的重要性，以及它曾经商贾云集的盛况。张胜海出生在此地，对乌苏镇有着深厚的感情，他的留守，就在坚持之中多了一份依恋。

下面是一个电视专题节目《杨圣满寻水记》开场段落的创作：

> 杨圣满采访：这就是我们的麻沆坑，以前百姓就从这个坑里吃水，

你看就这么混,他也得吃。

村民1:那时候吃水特寒碜,羊也在里面吃,牲口也在里面吃,吃完了人就吃。那水也不卫生。那也没办法,没水。

村民2:我们这村里借钱可以不还,但是借水得还,因为我们村吃水挺困难。这一桶水就可以吃一天,比吃油还难。

村民3:为啥我们村的光棍多,外面的姑娘没人敢来。

解说:大家嘴里说的这个村子,是蔚县南部山区的柳河口村。由于自然条件恶劣,夏天村民喝的是麻沆水,冬天喝得是雪水,连雪也没有的时候,村民们只能到六公里以外的地方驮水。杨圣满从小就是在这里长大的。

在开场段落的处理上,编导通过对村民采访再加上解说词的连接,完成整个设计。有的时候,采访中的语言也是写作所使用的元素。像段落中提到的"吃水比吃油还贵""借钱不用还""接水必须还"这样的老百姓的语言生动幽默、充满意趣。编导也借助村民朴实的语言展现了村里缺水的状况,让观众在会心一笑的同时印象深刻,为后续故事的展开以及杨圣满寻找水并带领全村人致富的故事形成有力的铺垫。

应该说,广播电视节目是一个整体,不论什么样的开场,在写作中都应该注意三点:首先,开场应紧扣主题,精彩的开场是为主题服务的,脱离了主题的写作,没有意义;其次,应该控制好节奏,开场是一个牵引,并不是节目的最高潮,不能喧宾夺主、头重脚轻;第三,开场的写作风格应该与主题和节目的整体风格一致。

二、叙述方式

简单来讲,叙述方式就是如何讲述故事。广播电视节目基本都是基于真实事件的,事件本体是无法改变的,不过编导可以通过叙述方式的调整来完成结构的变化,以达到不同的视听效果。因此,在写作中,叙述的顺序有很多挖掘的空间。

(一)顺叙

顺叙也称正叙，是叙事的手法之一。顺叙就是按照事件发生、发展的时间先后顺序来进行叙述的方法，先发生的先说，后发生的后说，讲究“先来后到”的原则。用这种方法进行叙述，好处是事件从头到尾次序井然，文气自然贯通，文章显得条理清楚。在电视节目中，使用顺叙的方式可以让观众一开始便进入到正常的叙述顺序中，了解事件的进展。以下是电视专题节目《生命缘——生命中的第一次拥抱》的开场部分的写作：

在北京妇产医院，共有六个分娩室，现在有两个产房在同时接生。穿绿衣服的是医生，穿蓝色衣服的是助产士。在第一分娩室内，替产妇接生的助产士名叫李菁，今年三十七岁，是所有助产士中年龄最大的一位。她是今天当班助产士的组长。今天，她必须用最短的时间让胎儿出生，因为仪器显示，这个胎儿的胎心明显低于正常水平。胎心慢，意味着孩子在母体内已经缺氧了。如果长时间处在缺氧的条件下，很可能会危及胎儿的生命安全。

在第二分娩室内，替产妇吕翠接生的助产士名叫陶然，她今年只有二十四岁，没有生过孩子，也没有结婚。产妇吕翠的情况同样复杂，因为产前的B超显示胎儿的脐带缠在了脖子上，如果不能尽早出生，很可能导致胎儿窒息。产房外，吕翠的家属在焦急地等待。

这是北京电视台获奖作品《生命缘》的开场部分。编导在一开场选择这两位助产士，也不是随便乱选的。从解说中可以听出，一位是助产士中年纪最大的李菁，另一位是还没有结婚、年龄也只有24岁的陶然。两个人物各有代表性，也让观众有了区别度和记忆点。

整部专题片采用顺叙的方式讲述，将故事集中在了两天当中。第一天拍摄了两位助产士从早到晚的工作状态，第二天则从两个人物的家中开始，展示了她们的家庭生活。

顺叙从写作的角度看给人以开门见山的感受，但因为平铺直叙也容易产生枯燥感。从刚才的段落中我们可以看到，为了更好地表现两个人的工作状态，导演使用了双线并进的方式，也就是俗话说的“花开两朵，各表一枝”。两个人物之间交叉叙述，这样就打破了顺叙的枯燥感，形成了故事交替的节奏感。

此时，时间已经到了下午一点多。从早上八点到现在，李菁接生了三个宝宝，陶然接生了两个宝宝，她们只有在写病历的时候，才能坐下来。

一上午的工作时间，到了下午一点半才告一段落，她们才有时间坐下来吃顿午餐。而实际上他们很少能正点吃上饭。北京妇产医院共有二十四名助产士，一名护士长，她们分为四个班，每班六个人。白班从早八点到晚八点。夜班从晚八点到第二天早上八点。这二十四个人，要保证全年三百六十五天无论任何时间都同时有六名助产士在工作。她们就像部队里的军人，随时待命。

以上是《生命缘——生命中的第一次拥抱》中的一个片段。这个片段主要通过解说词和同期声来完成叙述，并且充分发挥了解说词的优势。在上午的连续拍摄之后，记录了两人的工作过程，但缺少背景的介绍。于是编导通过解说词的方式，将背景陈述出来。如果说上午的拍摄是具体描写的话，这一段关于背景的解说就是宏观的描述。具体描写和宏观描述相互映衬，故事和背景相互支撑，让整个叙述详略得当、主次分明。

在此要注意两个地方，一个是刚才解说中提到了“只有在写病历的时候才能坐下来”，一句话即让观众感受到了两人的工作强度。这源自于编导对人物的细致观察。第二处值得注意的地方是有一句画外音“大产房要剖，来一人”，随即解说词跟进“还没吃晚饭，陶然就被同事叫走了”。同期声和解说词的配合简洁明了，显示出编导很强的故事叙述能力。

接下来看该节目顺叙写作的第二天的其中一个段落：

解说：助产士李菁有着十多年的工作经验，在这十几年中，她只有两个三十的晚上是跟家人度过的，李菁的儿子今年七岁了，上小学一年级。

编导：你知道你妈妈是做什么的吗？

李菁的儿子：知道。在北京妇产医院做医生的，负责接生宝宝的。

编导：你觉得你妈上班累不累啊？

李菁的儿子：不累才怪呢。

编导：怎么看出来的呀？

李菁的儿子：她一回家就去睡觉，可不得累吗！

编导：那谁陪你玩呀？

李菁的儿子：我爸呀。

解说：今晚李菁要上夜班。通常夜班前李菁六点就要出门，而儿子平时六点半才能放学回家，所以每次上夜班前，李菁很难见到儿子。但是今天是星期天，儿子在家休息，李菁没有睡觉，就想着能多陪陪儿子。正玩到兴头上的儿子，听说妈妈又要去上班去了，哭着不让妈妈走。

现场同期声：好不容易能陪我玩一天，又不能玩了。天天上班，没空陪我玩，就这最后一天了。就剩最后一天能休息，能陪我玩了，还要上班。（哭闹）我不管！不许你走，我什么都不管。

这是一个非常生动的段落。这个段落主要通过解说词、同期声以及采访共同完成。这个段落中最主要的表现对象是李菁七岁的儿子。所谓童言无忌，孩子表达情感往往是最真实的。在这个段落中，编导对于孩子的采访和现场哭闹的抓取都非常准确。这种“背面敷粉”的写作手法借力打力，看似与主题无关，实则从另一个侧面反映了李菁的工作，非常巧妙。

接下来我们看看结尾处的处理：

解说：每个宝宝出生以后都要留个脚印，这是为了封存病历，存入档案。在每个孩子的档案中，都留下了他们来到世界上的第一个足迹。

采访1：一下子为人父母了，一下子就想到自己的父母以前对自己爱的时候，自己可能没体会到，但这回儿体会更深刻了。以后我相信我们两口子，对老人、父母可能更加孝顺。

采访2：她一定会成为我一个甜蜜的负担。我就希望所有的小宝宝都健康地成长。

解说：龙年以来，李菁已经接生了一百二十一个龙宝宝，陶然接生了一百一十六个龙宝宝，他们用双手迎接着一个一个新的生命。

这是结尾处的一个段落。这个段落主要分为两个部分，一部分是一对父母的采访，另一部分是一小段解说。在这对父母的采访中，他们不是谈自己的孩子，而是谈在初为父母的过程中体会到了自己的父母的艰辛，也将祝福送给了天下所有的孩子。可以说，对于这对年轻的夫妇来讲，这个过程也让他们重新认识了人生。不夸张地说，编导正是借助这一对父母，来表达一种"老吾老以及人之老，幼吾幼以及人之幼"的心态转变。正是这种转变，让社会变得更加和谐。

最后的解说词没有华丽的辞藻，只是使用了两个数据，"李菁在龙年接生了一百二十一个龙宝宝，陶然接生了一百一十六个龙宝宝，他们用双手迎接着一个一个新的生命"。这段解说举重若轻，既是陈述事实，又有一种隐喻藏在解说之中。如果每一个孩子的父母都能够通过生养孩子这一过程认识到一个更开阔的人生，那他们迎接的仅仅是出世的小婴儿吗？这样的修辞方法，令人回味。

总的来说，以顺叙的叙述方式完成的作品主题清晰、明确；只要视听元素的配合默契，主次分明、详略得当，就能够形成令人印象深刻的作品。

(二)倒叙

清代作家、评论家袁枚曾经在《随园诗话》中提出，"文似看山不喜平"。也就是说，读文章、写文章就像看山一样，一览无余没有意思，要层峦叠嶂才好。从叙述方式的角度看，倒叙正是这样一种曲径通幽的方式。不少广播电视节目的叙事也采用了这种方式。下面我们以电视专题节目《祖国接我回家》为例，来进行讲解。

解说：下午五点，五岁的张秉浩和妈妈早早就等在了站台上，他们在这里迎候一列半个小时后进站的列车。

记者：你来接谁的，告诉阿姨。

秉浩：爸爸，我想爸爸了。

解说：秉浩的爸爸张秀林是中建八局二公司的职工，张秀林已经在利比亚工作了三年的时间。

张秀林的妻子：当时就想着，只要能安全回来，我就心满意足了。

解说：虽然站台上人头攒动，可是张秀林还是一眼就看到了儿子。

记者：现在什么心情。

张秀林：感动，感谢祖国！

解说：一句话，让在场的七尺男儿眼圈红了。回家了，那些曾经的不安都变得踏实起来，一家人团聚在一起，就是幸福。

同期声：我们回来了！

这是济南广播电视台的电视专题节目《祖国接我回家》，该片报道了在北非国家利比亚政局动荡的背景下，我国通过各种方式接送本国工人回国的事件。专题通过人物采访、资料整理等方式，还原了在海外工作的工人们返回祖国的过程。在报道中，亲历者回忆了当时惊心动魄的过程，是祖国的营救，让他们脱离了战乱，重新回到祖国的怀抱，和家人团聚。在这一段落中，编导选择了一个家庭中的孩子和母亲等待父亲回家的场景来展现亲人团聚的时刻；解说词也强调“一家人团聚在一起，就是幸福”。

在这一段落的处理上，编导通过解说、采访和同期声，将海外员工们回到祖国与家人团聚的瞬间放在了最前面，采用的正是倒叙的手法。

倒叙，是文本写作中常用的一种形式。它是根据表达的需要，把事件的结局提到文章的最前边，然后再从事件的开头，按事情先后发展顺序进行叙述的方式。倒叙让观众对造成这一结果的原因充满猜疑，对整个过程产生好奇，从而可以让叙述者从容地层层展开，一步步倒退将原因讲述清楚。

在广播电视写作中使用倒叙需要注意四个关键词：节点清晰、见人见事、细节丰沛、情感到位。

节点清晰指的是事件发展过程中的重要节点、重要转折点能够清晰地表现出来。事件发展是一个过程，但过程中有些环节是关键点，会影响事件发展的走向，因此，需要对这些节点进行清晰的表述。广播电视节目一般是线性播出，如果在事件叙述中不能清晰地表述出发展走向，会让受众产生混乱的感觉。

在回溯式的讲述中，记者需要注意事件和人物之间的关系，在事件发展过程中体现人物的状态，通过人物的选择来完成事件重现，做到见人见事。

案例：《祖国接我回家》片段

解说：在转移的人群中，还有一位美籍台湾同胞，他也是济南中建建筑设计院的一员。

采访：我们第一个想的就是说互相照应，希望不让一个兄弟脱队。

解说：犀利的枪声中，匆匆撤退的济南设计师们忐忑不安，郭仪慌乱中不慎摔倒在地。

采访：我一摔下去的时候，我的眼镜掉了。我戴了一辈子眼镜，有深度的近视、弱视和散光，前面一片漆黑。我当时既无助、又绝望、又紧张。

解说：就在郭仪最无助的时候，他的同事段振余冲了回来，扶起他一起往前跑。

采访：然后我给他扶起来，郭先生说眼镜没了，我说再给他摸摸再找找。走的时候我就合计，郭先生岁数有点大了，能帮帮一把，毕竟我还年轻。

采访：这种兄弟情感，我就觉得说我不是孤单的，有这么多人，我们将来一定有希望逃出重围。

新闻专题不像消息类新闻，往往不是第一落点。对于已经发生的新闻事件来讲，要全面展现事件的过程有一定难度，不过，我们还是可以通过各种手法来还原现场。这个段落通过当事人口述和采访，结合亲历者用各种记录设备拍摄的影像，以及最初新闻报道的片段，完成了新闻事件的重新还原。该段落对于事件的表现，详略得当、重点突出，特别是对郭仪这个人物的选择非常准确。同事们在那么危险的情况下相互扶持，给予他帮助，让观众对这个故事有了特殊的记忆点。

细节丰沛、情感到位，也是广播电视节目叙事需要注意的。情感的累积是一个逐渐实现的过程，当到达事件发展高潮时，情感自然而然地流淌而出，形成情绪的共鸣。

案例：《祖国接我回家》片段

解说：登上了“希腊”游轮，饥渴交加的工人们终于能踏实吃饭，敞开喝水了。3月1号上午10点，稍稍安定下来的工人们，看到了一幕不一样的地中海风景。而这一幕让船上的所有中国人惊喜不已。

采访：一咋呼一声，船来啦，我们祖国的徐州号护卫舰来了！

解说：随后，游轮广播传来的声音更是让所有人欢欣鼓舞。徐州号导弹护卫舰，给他们带来了祖国的问候。

同期声：经中央军委批准，首次派我军舰赴海外，来为你们警戒护航。请同胞们放心，我们一定会保证你们安全抵达目的港。祝你们早日归国，与亲人团聚！

采访：全船人都起来了，我们齐声吆喝祖国万岁！

这个段落描述了工人们撤离到港口登上祖国租借的希腊游轮终于可以返程的情节。在解说中还提到了一个细节：越南、孟加拉国等国没有组织自己的劳工撤离，这些国家的死里逃生的普通工人经过多方协调，最终也搭乘中国的救援游轮逃离了战乱。这个细节在解说中被一笔带过，但却让人非常感慨。细节，是一些不起眼的小环节，是文艺作品中描绘人物性格、事件发展、自然景物、社会环境等最小的组成单位。细节的描写要求真实、生动，并服从主题思想的表达。在广播电视节目的写作中，细节的处理不可忽视。刚才这个细节，与后面解说中提到的中国护卫舰护送着游轮返航形成鲜明的对比，让观众作为一名中国人的自豪感油然而生，情感到此也自然达到高潮。

应该说，这不是一次简单的新闻报道，不是一次简单的撤离行动，在有组织的撤离背后，不仅体现出国家的强盛，更体现出祖国对自己公民的牵挂与保护。该片的编导通过较好的新闻敏感，挖掘出该题材深层次的新闻价值和社会价值。在写作的篇章结构处理上,也很好地实现了倒叙的功能。恰当地运用倒叙手法,能在刹那间引起读者思想上的共鸣,达到先声夺人的效果。

(三)插叙

插叙是在叙述中心事件的过程中,为了帮助展开情节或刻画人物,暂时中断叙述的线索,插入一段与主要情节相关的回忆或故事的叙述方法。在广播电视节目中,为了对背景等信息进行补充性陈述,也常常会使用插叙的方式来进行叙述。

仍然以前文提到的广播节目《乌苏人家的守望》为例。整个报道以黑瞎子岛第一个开放日为轴,展现了乌苏镇镇长张胜海一天的生活。不过,在报道行进过程中,记者插入了一段叙述来回顾乌苏镇的经历。

> 解说:乌苏镇曾经有过辉煌的历史,清朝初年这里是乌苏里江三大重镇之一,镇上有富源冒、人中立等九大商号,并设有警察所和征税局。纷至沓来的朝鲜人和俄国人让这里热闹非凡、声名远播。1920 年以后,年年的兵灾匪祸迫使镇上居民远走他乡,小镇曾经的辉煌也如落花流水烟消云散,之后随着黑瞎子岛的流离,乌苏镇在炮火中变成了一片废墟。

这一段解说,从背景中介绍了乌苏镇的过去,让听众对其历史有了概要的了解,而对比当下,会产生新的感受,也更能体会张胜海老人要恢复其辉煌历史的心情。

(四)预叙

所谓预叙,就是将以后要发生的事情中的部分内容提前来叙述,这部分内容通常会较为重要或有极强吸引力的信息,但预叙部分要点到为止,将悬念做足即可。下面以《"蛟龙"探海——中国载人深潜海上实验纪实》为例,来看预叙手法在电视写作中的运用。

同期声：

潜航员：我们三位潜航员，祝愿景海鹏、刘旺、刘洋三位航天员，与天宫一号对接顺利。

航天员：在我们顺利完成手控交会对接任务的时候，喜闻"蛟龙"号创造了中国载人深潜的新纪录，在此，我们向叶聪、刘开舟、杨波三位深潜员致以崇高的敬意。

解说：这是一次跨越海天的对话，就在神州九号与天宫一号首次手控交会对接成功的同一天，"蛟龙"号载人潜水器顺利到达马里亚纳海沟 7020 米深的海底，在世界载人深潜的榜首刻下了中国人的名字。这个日子，注定要载入史册。

以上这段影像出现在节目《"蛟龙"探海——中国载人深潜海上实验纪实》的一开场。作为预叙的段落，编导在节目一开始就展示了深潜员与航天员对话这一历史性的场景。此时，"蛟龙"号已经下潜至了 7020 米。当然，这不是实验的结束。在节目的最后我们了解到，潜水器最高下潜深度达到了 7062 米的最大深度。因此，前面的那次跨越海空的对话，是实验过程中一个非常亮眼的时间节点，但却不是事件结果。编导采用了预叙的手法，让观众在片子一开始就看到了标志性事件，也吸引观众往下观看。

总的来看，不同的叙述方式会影响受众对于故事的接受过程和心理感受，因此，需要根据题材更好地设计、选择叙述方式。广播电视节目的传播空间、传播方式、受众特点等，都决定了其线性观赏特性，也影响到写作时的策略选择。广播电视节目的伴随性特质，使得其叙述必须在跳跃性和稳定性之间做平衡与调整，既要保证节目的曲折变化，也得要保持叙述的平稳，易于让观众理解。

三、悬念设置

广播电视节目为了吸引受众，需要营造悬念，而叙述方式的差异，很多时候也是为了营造出悬念感。那么什么是悬念？悬念究竟如何设置？悬念，是一种叙事技巧。在广播电视节目中，可以通过情节设置和处理，将一些重要信息包裹起来，渐次打开，让受众获得意想不到的收听收看效果。在广播电视写作中，悬念的构成离不开两个方面的因素：信息的预示和答案的揭晓。

信息的预示，是对于已知的信息进行铺陈、渲染和控制，在此基础上逐步引入未知信息，环环相扣，既使悬念的发生有充分的依据，又不轻易揭示完整信息，吊足受众的胃口。

案例：《揭秘金三角大毒枭糯康》

解说：老挝，金三角经济特区的金木棉码头，是湄公河上的一个重要货运码头。每天都会有相当数量的船只停靠于此，而且大多数都是中国货船。“10·5”湄公河遇袭案，就发生在离这个码头只有两三公里的地方。在码头上用肉眼都可以看到13名中国船员被杀害的地点。

记者：我身后这片区域，就是震惊中外的“10·5”湄公河遇袭案的案发地，它位于湄公河流域金三角地区泰国一侧。案发当时据目击者称，两艘出事的中国船只，就被拴在了远处的那棵树上。正常情况下，过往的商船，是不会在这个区域停靠的。就在目击者也感到困惑的时候，船上突然传来了枪声。

这是电视节目《揭秘金三角大毒枭糯康》的一个段落。在该段落中，编导通过解说词对湄公河流域商船往来的背景进行了介绍，同时通过记者出镜的报道，将地点定位在了事发现场。记者的描述故意隐去了当时事件的经过与结果，只是以当时枪声来引领观众重新回溯事发时的状况，从而形成了信息的预示和悬置。

除了信息的预示之外，构成悬念的另一个因素就是答案的揭晓。对于信息的隐藏形成了心理期待，接受者不断地想象与猜测则是对于空白的填充，这种填充需要后面的答案来证实，才能形成一个完整的结构。我们仍以《揭秘金三角大毒枭糯康》的一段报道为例：

案例：《揭秘金三角大毒枭糯康》

解说：2011年10月5号，一阵密集的枪声响过之后，湄公河归于平静，河流上的商船照常往来，然而，两艘中国籍船只“玉兴8号”和“华平号”一动不动地停留在湄公河泰国一侧。很快人们获知了十三名中国船员被杀的消息。更让人震惊的是，泰国相关方面称，在船上发现了多达九十万粒的毒品。随着犯罪嫌疑人糯康等人的落网，案件真相也逐渐清晰起来。这些毒品，是糯康武装贩毒集团蓄意放置在两艘船上，以达到陷害中国船只运毒的目的。

这个段落中，我们可以看到，编导将商船出现在不该出现的水域以及出现密集枪声的原因通过解说词揭示了出来。这让观众对刚才的悬念有了对应的答案。并且，在这个解说中，编导还放置了一个隐含的小悬念，就是船上有多达九十万粒的毒品。不过，编导很快揭开了谜底，即这些毒品是糯康集团蓄意放置在中国商船上的。

从以上两个段落中，我们可以看到悬念的构成要素。一般来说，广播电视节目前期拍摄和录制的音视频素材都是已知的，因此具有强烈的可策划性和可编辑性。要想得到好的传播效果，就需要记者和编导在已知的基础上确定叙事线索和方式，找到情节中的矛盾和冲突，进行悬念的构建和设置，调动受众的心理期待。

下面，我们通过作品来分析悬念的两种建构方式。

（一）结构性悬念

顾名思义，结构性悬念在整个节目中起到构筑框架的作用，也常被称为大悬念，贯穿于节目始终。节目的整体构思、作品的主题以及思想内涵，都通过结构性悬念展现出来。一般来说，总的悬念会在节目的开端被迅速提出，以起到在较短时间内抓住观众的作用。但是这一悬念并不会被马上解开，而是贯穿于片子的始终。在叙事行进的过程中，编导一步步对其进行相关阐发，在结尾处才完全揭示出来。观众在观看的过程中会一直带着对于这个悬念的疑问，跟从编导的思路，去慢慢地感受片子所要呈现的意义。

电视专题《成本华——一个被遗忘的抗日女兵》片段

解说:2005年的秋天,两张抗日女兵的照片,在网络上引发高度关注。两张照片的主人公是一位被日军俘虏的中国抗日女兵。照片中的女兵佩戴着童子军的皮带,面对日军,双手交叉放在胸前。昂然挺立,面带微笑,显得无所畏惧。女战士的微笑,撼人心魄,网友称她为"最美抗日女兵"。从网上简单的文字信息中,大家只知道照片拍摄于1938年的安徽和县,照片中的抗日女战士,名叫成本华。

"最美抗日女兵"的照片在网络上迅速流传,被大量转发,网友们惊呼"她的微笑让13亿人心碎"。一个如此受人关注的抗日女战士,除了当年侵华日军拍摄的这两张照片外,为什么没有任何相关记载?她究竟是谁?是怎样被捕的?最终命运又如何?

这是电视专题节目《成本华——一个被遗忘的抗日女兵》的开场片段。编导用影像交代了照片的女主人公,随即抛出了几个问题:除了当时侵华日军拍摄的这两张照片外,为什么没有任何相关记载?她究竟是谁?是怎样被捕的?最终命运又如何?这些问题层层叠加,使人物的身份形成悬念,牵引观众跟随编导的探寻,揭开尘封的历史谜团,去逐渐了解和认识她。在节目进行过程中,编导围绕片头提出的几个问题展开了调查,视线从现实到网络,从国内到国外,通过各种蛛丝马迹,去探寻和发现,最终找到了问题的答案。这种结构性的悬念,往往贯穿始终,形成一股统揽全局的推进力量。

(二)阶段性悬念

一般来说,广播电视节目的长度短则十几分钟,长达几十分钟,仅依靠一个总体悬念来支撑起节目框架并吸引观众的持续关注是很难的。因此,节目中需要设置多个小悬念,也就是片子的兴奋点,来保证节目持续地锁定受众的注意力。

电视专题《成本华——一个被遗忘的抗日女兵》

解说:通过大量的资料检索,在1979年10月由日本防卫厅防卫

> 研究所战史室编著、中华书局出版的《中国事变陆军作战史》中，我们意外地发现了1936年8月24日有关日本新闻记者渡边洸三郎在中国四川成都遭到当地民众袭击的记载。我们仿佛看到了一丝希望，这个渡边洸三郎是否就是给成本华拍照的这个渡边呢？

这段解说完整地展示了故事讲述中的一个阶段性悬念。这个阶段性悬念是在不断衍生的情节中设置的，或并行、或递进地出现在故事情节的推进之中，与总悬念紧密联系，从不同侧面表现和丰富主题。

总的来看，悬念的设计也要注意三点：第一，广播和电视的收听收看伴随性很强，太长的悬念容易造成听众与观众的流失。因此，悬念要长短结合，起落有致。第二，结果应符合受众期待。有些节目的谜底揭开之后，与悬念的期待相去甚远，甚至不相关，会让受众有被欺骗的感觉，也会让节目在受众心目中的可信任度大打折扣。第三，最好的悬念结果是既在意料之外，又在情理之中。

四、表现冲突

冲突，又称矛盾、对抗。狭义的冲突是指不同人物、人物与环境、人物与自身之间的矛盾和斗争，其本质是人物的性格冲突，这种冲突具有民族、阶级、政治、时代、地域等特征。广义的冲突指的是任何两种元素的相互对抗，有对抗就有张力，有张力就有戏剧性。

（一）冲突和人物

在广播电视节目中，真正吸引受众的是那些能够表现人物性格的事件，这些事件是带有冲突的事件。在冲突前，人物会有压力，而在压力之中的选择，便可表现人物的性格。因此，冲突中可以展现人物的性格，尤其是人类共性中的深层性格和个性中的独特部分。广播电视写作需要抓取人物在面对困境时的选择，通过视听语言展现其具有代表性的性格特点。下面以广播专题节目《久病床前有孝女》为例，来看冲突和人物的写作。该作品讲述了瘫痪在床的刘芳英和女儿孟佩洁的故事。

在开场的解说中提到在市第三人民医院住着一对特殊的母女，母亲瘫痪在床12年，女儿就读于山西师大临汾学院。21岁的孟佩洁照顾母亲已经12年。

案例：广播专题《久病床前有孝女》

解说：康复训练中，瘦弱的孟佩洁每天要帮70公斤重的母亲做240个仰卧起坐，拉腿200次，捏腿15分钟。近两个小时的康复训练结束后，孟佩洁便忙着帮母亲刷牙、洗脸、梳头、喂饭，等把母亲安顿好之后，自己便简单吃口饭，急匆匆赶往学校。看着眼前这对相亲相爱的母女，谁都无法相信，她们之间没有一点血缘关系。但这的确是事实。

从解说中，我们可以了解到，尽管没有血缘关系，佩洁从9岁开始就照顾自己的养母，这个过程一定是充满艰辛的。随后，记者通过采访、解说等方式，还原了这对特殊母女之间的故事。整个报道以倒叙的方式将故事一点点展开，也通过描述孟佩洁面对巨大的压力、冲突前的选择，让观众看到了孟佩洁坚强的性格、孝顺的品质，让观众感受到母女之间超越血缘的真挚情感，感人至深。同时，我们也从这种情感中感受到了人类自然生发出的一种情感，至真至纯，焕发出巨大的感染力。

（二）善于发现冲突

广播电视媒体可以通过声音、画面等元素将事件过程记录下来。社会生活中很多冲突的发生都具有强烈的偶然性。在节目采制过程中，这就要求从业者在确定好选题之后，对所要拍摄的素材进行前期的计划和构思，对有可能发生冲突的部分要做好充分挖掘，发现可能存在冲突的领域，并在实际拍摄和制作中，保证冲突发生的时候能够在现场及时地拍摄下来。

案例：《辽宁舰上罗阳生命中的最后八天》

解说：罗阳深爱他的妻子、女儿，更是出了名的孝子。父亲去世早，工作再忙，他也要抽出时间陪陪年近八十的老母亲。罗阳的姐姐罗明说，他每次来的时候都是躺在母亲身边唠会嗑，实在是太累了就在母亲的身边眯上一觉。

采访：每到节假日他都得到单位去加班，仅有的一点点时间都会抽空回来看看妈妈，跟妈妈小叙一会，但是回来我感觉他都很疲劳，到了家以后就得躺在床上，跟妈妈说会话。

这个片段来自于广播节目《辽宁舰上罗阳生命中的最后八天》，该节目讲述了歼15研制现场总指挥罗阳的故事。这个广播报道通过对他身边多位同事、朋友的采访，还原了罗阳生命最后八天的时间表，展现英雄忘我的工作状态。在对罗阳姐姐的采访中，听众可以了解到罗阳孝顺的性格，勾勒出人物真实的一面。

由于罗阳已经去世，能找到的资料比较有限，记者主要采用了解说加采访相结合的方式。不过，记者还是找到了罗阳生前接受沈飞采访时的录音片段，片段中的罗阳讲述了自己的压力。通过对这些资料的整理和挖掘，编导从外在环境、内在性格等多个角度描述了一个真实、感人的罗阳。

（三）精于表现冲突

广播电视节目所呈现的冲突就是实实在在发生在现实生活之中的，虽然经过创作者的艺术处理，但依然是真实的。因前期采制受到各种客观或主观因素的制约，冲突表现并没有虚构类节目中的冲突那样激烈而完整，但正是这种缺失也在时刻提醒观众冲突的真实存在，给人以警醒，从而加深观众对于冲突所反映问题的认识与思考。记者和编导要学会巧用各种手法来完成冲突的表现，包括解说词、采访、同期声等。

案例：《淇淇，我们在寻找你的姐妹》

解说：武汉市武昌区东湖区一个狭窄悠长的巷子里，武汉白鳍豚保护馆的标牌，不起眼地立在路边。一只白鳍豚立在标本室的玻璃箱里，箱里的一个牌子上，用中英文写着：1980－2002，淇淇。淇淇，一转眼，你离开十年了。这是你曾经生活过的水池，如今你的近亲江豚住进来了，你听，它们正在游弋嬉戏上下翻滚。中科院水生所王斌跟我说，十年前，你也是这么活蹦乱跳的。

该广播专题是记录科考人员对长江里的唯一的哺乳动物江豚进行搜寻的过程纪实。这段专题报道的一开始，是推门的声音和高跟鞋走路的声音。这两个音效与这一段解说相配合，仿佛是一个女性来到了白鳍豚保护馆，来探寻白鳍豚的过去和将来。解说对时间、空间、背景信息进行了介绍，把一切都串联了起来。

在这一段报道的中段，还插入了一个淇淇的叫声，与解说词“一转眼，你离开十年了”配合，瞬间让人产生时光飞逝的感慨，并感叹这样一个生命离开背后的无奈。而这一切，其实是表现一个物种的灭绝。物种的灭绝不是自然现象，而是由人类造成的。这个专题是在反思社会发展的过程中人类的行为与环境之间的冲突。

可以说，是解说词的设计将音效、同期声等串联起来，形成了合力，在一开始就把听众带入到了那样的一个情境中。

五、把握节奏

节奏，作为一种有机的运动，是各门艺术中最基本、最活跃的元素之一。从外在形式而言，叙事可以采用不同的人称、不同的视点、不同的时空结构来形成不同的叙事方式；而就其内部来说，任何方式的叙事都离不开对节奏的把握。节奏是叙事行为的内在控制力。

（一）内部节奏

内部节奏即叙述性节奏，主要是指由情节发展的内部联系或人物内心情绪以及创作者的思绪起伏变化而产生的节奏。内部节奏决定了节目的主要节奏，是驱动整个节目发展的内在动力。

在《舌尖上的中国》第一季第四集《时间的味道》中，解说开始的部分通过金顺姬回家的故事展开。在节目的故事化叙事中，人物的情感是内在节奏的外化形式，我们所看到的故事的发展和脉络都是通过人物情感传达出来的。因为

《舌尖上的中国》整体的调性，这个段落的节奏表现不疾不徐、张弛有度。片子不断切入路边小花的镜头，将其延伸出一种对家乡的思念，既有意向性的表达，也有调节节奏的作用。

（二）外部节奏

外部节奏即造型节奏，是通过广播电视造型表现手段产生的节奏，它不仅包括主体的运动、摄像机的运动、镜头剪辑组接等视觉节奏，也包括同期声、音乐、音响、画外音等听觉节奏。

在《舌尖上的中国》中有一个表现上海汪姐厨艺的段落。该段落中有一句解说通过细节刻画了人物，“别人在逛商场的时候，她在逛菜市场”非常精准地勾勒出了一个对厨房、美食有着特殊情感的妇女形象。在展示她制作浓油赤酱的上海菜以及制作醉蟹的过程中，镜头的剪辑灵动精致，音乐的节奏明快，同期声的穿插画龙点睛，再加上解说的整体铺陈，形成了活泼的节奏感，从而强化了人物的性格特点。

（三）实现内外节奏的有机统一

要保持内外节奏的统一，需要注意主体运动节奏、人物情绪节奏和调整编辑节奏。

案例：《舌尖上的中国》

解说：冬天，金顺姬在北京的家里，种下了从呼兰河老家带回来的种子，电冰箱里也被来自家乡的味道塞得满满当当。

金顺姬：每次回家，我都会带很多东西，基本上平时都舍不得吃。

解说：女儿也要自己做泡菜了。这是盐的味道、山的味道、风的味道、阳光的味道，这也是时间的味道、人情的味道。这些味道，已经在漫长的时光中，和故土、乡亲、念旧、勤俭等情感和信念混合在一起，才下舌尖，又上心头。

这是《舌尖上的中国》第一季第四集《时间的味道》中结尾处的一段解说词。“冬天，在北京的家里，种下了从呼兰河老家带回来的种子”，这句话使用了双关的修辞格，种子，既是指种下的植物的种子，也是指家乡的文化的种子。“电冰箱里也被来自家乡的味道塞得满满当当”，这句话使用了指代的修辞格，“味道”本身是不会被塞得满满当当的，是食物被塞得满满当当，但写作者调整了一个词，将“食物”替换为“味道”，让整个句子显得更加别致。

在一段采访之后，解说词跟进写道：“女儿终于也要自己做泡菜了。”这句话看似是一句大白话，却蕴含了文化的传承、对故土的眷恋等情愫。从食物到情感和信念，有了这一句的铺垫，下面的关于味道的排比修辞才显得脚踏实地。排比的修辞格，让整个段落气势开阔、情感表达真挚可信。

这一集的名字是《时间的味道》，讲的是各种食物通过各种制作手法获得与新鲜食物不同的味道。不过，编导通过情感的累积，将食物的味道与人生的味道进行了关联，让片子有了更加深邃的意境。段落在结尾处情感已经非常丰沛，所以片子在内在情感和外在形式的结合上做得非常好，形成了内外节奏的统一。

思考题

1. 为什么说开场设计至关重要？
2. 叙述方式包括哪几种？各有什么特点？
3. 怎样进行悬念设置？

第七章　电视解说词的形式特点

本章重点：

1. 哪些标题属于比较好的标题？

(1)接近观众的浅层吸引力；

(2)准确到位，一定程度揭示主题；

(3)字数要少，信息涵盖量要大；

(4)音节和谐，好听易记。

拟定标题的一些思路：多用动词；利用在群众中影响较大的既成句式进行改造；突出独创性，避免相互模仿。

2. 字幕的一些关键用法：

(1)片头题记；

(2)引文；

(3)数据排列；

(4)需要强调的内容；

(5)独特效果。

3. 使用采访同期声需要注意的问题：

(1)舆情调查；

(2)现场感；

(3)突出个性特征；

(4)叙事因素；

(5)权威论证。解说词与同期声采访的配合方式。

4. 电视解说词在形式上的一些要求。严格计算时间和字数，同画面配合对位；数字的形象化处理；谨慎使用简称；避免同音字词造成误解；多使用双音节词汇；解说语言一定要规范。

5. 在叙事角度和叙述人称选择上应注意什么？

电视解说是一种特殊的叙述形式，它是用文字语言组织、有声语言传播、通过听觉接受的信息传递方式。解说语言同画面影像相互依存，它来自画面，又回到画面；既引导画面，又补充和扩展画面。它是一种从语言符号到画面影像、再由画面影像引出语言解说，二者互为前提、又相互交叉的电视表现手段。因此，电视解说词在表现形式上有许多自身的特点。

在动笔写作之前，首先需要根据电视节目的整体要求，考虑究竟有哪些信息、意图和情绪是必须传达的？画面和其他手段完成了多少？还可能完成多少？实现到怎样的程度？还有哪些内容需要解说来补充和完成？画面的哪些地方需要解说进一步强调、渲染或配合？在画面的什么位置、什么时机展开解说最合适？画面或其他因素可以为解说提供怎样的支点和借力？怎样通过解说整合、协调各种因素的配合关系，把握好整体的风格节奏？

一、与创作相关的其他因素

(一)斟酌、确定精彩的标题

标题尽管同节目本身的质量没有直接的关系，但一个节目的标题就像一种商品的广告或门脸一样，在很大程度上决定着观众是否想看你的节目，甚至直接影响收视率的高低。某电视台曾经专门就标题问题做过一次观众收视率的问卷调查，把同一栏目中各个节目的标题分类进行调查。调查的结果非常明显，凡是起得比较好的标题，像“动物园里的白衣天使”“地下奏鸣曲”“山旮旯有片橄榄绿”等，收视率就明显偏高，而那些相对比较差的标题，如“钢铁战士”“电波送深情”“全民办教育”等，收视率就明显偏低。

为什么标题对收视率会有这样大的影响呢？

观众收看电视节目，除了固定的收视习惯，对那些尚未播出的节目事先并不了解。所以，电视观众选择节目有很大的随意性和盲目性。在众多的频道、时段当中，到底选择什么时段收看哪个频道的节目、值得不值得，观众事先并不清楚。这时，除了固定的收视习惯，节目的标题就成为一个重要的参考依据。所以，标题能否吸引观众的目光，能否进入观众的选择范围，对节目收视率必然产生相当的影响。

如果标题取得好，不仅能吸引观众的目光，也会引起广告商的强烈兴趣。节目质量暂时不论，起码效益就产生了。许多电视栏目在播出之前需要通过出卖概念和创意争取广告支持，这时栏目的标题就起到重要的作用。在这方面，凤凰卫视的运作提供了很好的经验。它的许多栏目甚至连样片都没有，而是仅靠一个创意、一个标题，如“小莉看时事”“凤凰早班车”“时事开讲”，就能够吸纳足够的广告。如果节目的标题取得陈旧平平或俗滥不堪，观众看了就毫无兴趣，甚至产生反感，像类似“企业的红管家”“永不褪色的红旗”“再创辉煌”“英雄颂歌”等形式的标题，不仅毫无时代气息，而且一副八股腔调，很容易让观众产生厌恶之感。

人有深层感情体验，也有浅层感情体验。深层体验是通过浅层的接近才能实现的。如果在基本的层面上不能接近观众，多么深刻、高明的道理也只能束之高阁。“酒香也怕巷子深”，关于这一点出版界在激烈的市场竞争中体会很深。在书展、书店、书摊上，同时摆放着成千上万种书籍，怎样吸引读者的目光，怎样能让他们翻阅，这时书名和标题就显得很重要了。翻阅之后，读者如果不满意，可以放下不要，但如果标题没有一点吸引力，在书架上放了几年也无人问津，写得再好其价值也难以实现。所以，出版界对书籍的标题极为重视，先千方百计接近读者，再论其他的水平价值。这一点，值得电视工作者借鉴。不少部门和栏目在评奖时，都专门设立了一个单项的“标题奖”，的确是很有道理的。有时，一个差劲的标题会使节目大为失色，而一个令人拍案叫绝的标题也会为节目平添几分亮色。

那么，什么样的标题算得上比较好的标题呢？

第一，新颖、独特、有浅层吸引力。好的标题能够一下子抓住观众，激发他们的收视兴趣，使他们愿意看、准备看。起标题尤其需要不断创新，不能过于平淡乏味、陈旧雷同，要有“语不惊人死不休”的执着追求。

第二，准确、具体、恰当、到位。好的标题尽量避免产生误解或歧见；不要大而不当，空洞无物；最好在一定程度上反映主题或题材，使观众通过标题大体知道节目反映哪方面的内容。

第三，标题的字数不宜过多，但是信息的涵盖量要大。一般情况下，电视节目或栏目的标题最好不要超过七个字。为什么把七个字作为上限？一方面，这同中国的文化传统有关，我们从小背古典诗词，从四言、五言到七言，七言以上就比较难记了。而且中国的民俗、民谚、格言、警句多在七言以下，七言一般是一个简单结构，超过七言，结构就比较复杂了。字数不要多，然而信息的涵盖量要大，要经得起推敲和琢磨，有咀嚼、品味和赏析的余地。

第四，标题要求音节和谐、朗朗上口、好听易记、便于流传，不能别别扭扭，说上几遍也很难记住。特别要注意节奏韵律、平仄抑扬，要讲究合适的语感，如“文化下乡会更香”，试图用“乡”和“香”产生谐音效果，但从语感上讲就比较拗口。过于冷僻或别扭的组合，则易脱离观众的接受心理。

当然，以上这些只是原则性的要求标准，实际操作起来，需要反复比较、仔细推敲。我们具体来分析一些比较好的标题，供大家参考。

深圳特区设立十周年的时候，要拍摄一部纪念性的专题片。给片子拟定的标题是“山与海的拥抱”，这个标题很有韵味。六个字不多，而且音节和谐响亮，好听易记，在一定程度上点明了深圳特有的地理位置，深圳是山城，同时又濒临大海，是“山”与“海”的“拥抱”处。那么“山”与“海”的“拥抱”结合将会产生怎样的结果，诞生一个什么样的“胎儿”，那就是“深圳特区”，兼容并色，具有“山”一样的品质、“海”一样的胸怀。这样的标题琢磨起来，确实是既准确又有味儿。

那么，为电视节目起标题有什么规律和诀窍吗？应当说，标题需要根据节目的情况具体设计，没有一定之规。但也有一些成功的方法供大家参考，以开阔思路、启发灵感。

起标题注意多使用动词。因为动词是实词，并具有动感，比较活跃生动。少使用形容词或程度副词，因为这些词是虚词，往往不传达什么信息。像“灿烂”“辉煌”“光荣”“坚强”等，特别是“很、特、大、高、新、快、狠”等程度副词，如“大干快上”“狠抓生产”“新的突破”“新的台阶”显得华而不实、不着边际。

像“让历史告诉未来”中“告诉”这个动词就特别形象，并具有深刻的历史哲理。《话说运河》第一集《一撇一捺》很具动感，画出一个大写的“人”字。其中有一集介绍北京同运河的关系，标题是《漂来的北京城》，一个“漂”字，非常生动地说明了运河同北京繁荣的关系。偌大一座北京城，不是一个小小的海岛，怎么能是“漂来的”呢？因为北京的繁荣同运河的关系密不可分。运河的漕运，把南方的物质源源不断地运往北京，才造就了北京的兴旺，既切题又生动。

善于利用流传比较广、影响比较大的一些歌词唱词、诗词佳句、格言警句、民俗民谚或者电影、电视剧和歌曲的名称，对它们进行适当的改造或点化，利用它们潜在的影响，同节目的主题巧妙地联系起来，可以做到贴切适合、机智灵活、韵味十足。比如，《经济半小时》报道关于旅游保险的话题，节目的标题是《天晴别忘戴草帽》，巧妙地利用了中国观众很熟悉的一句歌词，既形象又切题。

亚特兰大奥运会之前，世界体操锦标赛举行。当时，中国的主力运动员都在备战奥运，没有参加这次比赛，只是派了一部分运动员参加。本意只让他们练练手、热热身，积累些大赛的经验，但出人意料的是，有一个小运动员拿了一块女子自由体操的金牌回来，大家喜出望外。中央电视台《世界体育报道》报道这件事，节目标题是《天上掉下个奎媛媛》。它非常巧妙地改编了一句越剧唱词“天上掉下个林妹妹”，对应改造得非常工整，同报道内容也非常贴切。

有一年的法国网球公开赛中，著名运动员格拉芙再次获得女子单打冠军，在颁奖仪式上，她动情地讲了一段话，希望因为逃税被捕入狱的父亲早日出狱，同家人团聚，全场观众为她鼓掌。这期节目的标题是《法网柔情》，一语双关，令人拍案叫绝。

语言的排列组合、运用和表述在一定意义上是时代精神和时代风格的体现。电视语言既受到时代潮流的影响，同时也对语言的推广和流行产生重要作用。标题，往往是语言中最凝练、最具代表性也最容易流行的表述方式，所以，标题的拟定不可不慎重，起码要体现出时代风貌。

一个精彩标题的拟定的确需要灵感和火花，有时苦思冥想仍无路可寻，但也会由于一个偶然契机的激发，突然使人福至心灵，妙手偶得。所以，拟定标题时，最好多拟出一些以进行比较、选择；最好多请几个人去想，一个人的思路容易钻牛角尖，转换一下思路容易出新。

标题最忌讳人云亦云、模仿抄袭。我国影视作品和栏目的标题重复率太高。《焦点访谈》的成功，一下子冒出一堆带有“焦点”“热点”字眼的标题；《实话实说》被看好，《有话好说》《有话要说》《有话好好说》为标题的谈话节目纷纷问世。

标题一定要别出心裁，要有个性特征。一个好的标题，不仅体现了作者的独具匠心，而且体现了作者对题材的概括和把握能力。用富有感染力的语言组织成具有一定内涵和美感的形式，其中的文采、意韵、创新的追求没有止境，也没有一成不变的标准。

好的标题在某种程度上为全片解说的风格确定了基调，为解说的展开提供了契机。像反映刘海粟先生生平的《沧海一粟》，标题本身就具有内容的规定性和审美对象的针对性，是对内容的一种把握和提炼。标题应该有助于作品整体结构的完成，如同作品的缩写版一样，要有较高的概括性和涵盖量。

标题用词一是要准，准确适当、不温不火、分寸得体；二是要隐，有内涵、有寓意、有悬念；三是要新，别人用过的不用、俗滥陈腐的套话不用。

因此，为电视节目命题一定要精心构思、反复掂量。精彩的电视节目标题会令人赏心悦目、赞叹不已，这是创作水平的直接体现，千万不可等闲视之。

（二）准确、合理使用字幕

字幕是电视语言中一种特殊的表现手段。它是用文字语言组织表述、用画面传达的一种信息传播方式。它既表现文字的抽象意义，又具有一定的形象外观；既引发想象，又提供欣赏，具有实用和审美多重价值。

字幕的拟定，同解说词有着不可分割的联系，大部分字幕是由撰稿者拟定的。什么时候使用字幕，怎样使用字幕，不少书籍中都略有论述，但大都语焉不详。通常人们习惯的字幕用法主要有下面几种：

(1)在采访对象下方或旁边注明人物的姓名、身份、职务等准确消息；

(2)把谈话的同期声内容通过字幕再现；

(3)临时插入的新闻快报、体育快讯、节目预告以及文字广告等。对这些大家比较熟悉的字幕用法，我们不再说明。这里主要讨论一些字幕使用中需要注意的问题和一些特殊的、不太被人注意的字幕用法。

在字幕的使用中，有两个问题需要注意：

第一，不该用字幕说明的时候乱用字幕，该用字幕说明的时候又不用。比如，我们经常在字幕中看到这样的字样“女村民”“女厂长”“女教授”等，莫名其妙地非要加一个“女”字，纯粹是画蛇添足，难道哪一个观众会不辨性别把画面上的女人看成男人吗？还有，我们也经常看到这样的字幕“著名演员”“著名导演”“著名××家”等。“著名”在这里似乎成了一种头衔或荣誉，真正著名的人物，观众一见便知，无须说明。非要加“著名”来说明，恰好说明此人的名气不够，这是一种典型自我矛盾的表现。

而有些需要准确介绍的地方却笼而统之。比如，在采访对象下方仅打出“俄罗斯”“瑞典”“印度”之类的字样。当然，通过字幕，观众可以知道对方是哪个国家的人，但到底是留学生，是商人，是游客，还是使领馆人员，必须要交代清楚，不能含糊其词。

第二，我们现在使用的字幕机或电脑都是从同音字词组成的字库中选择文字的。而由于操作者的水平问题或责任心不强，由同音不同义的字词造成的字幕错误发生率极高，这必须引起我们的高度重视。有的字词略微有些差异问题还不大，观众可以自己纠错，但关键地方出错就会适得其反。比如，有一条新闻报道山东招远的农民在开采黄金的同时坚持正常的农业生产。新闻标题原本是《采金不误农时》，但字幕打出来的却是《采金不务农时》，意思正好相反。

有些字幕操作人员对背景情况不甚了解，对某些方言、俚语、掌故、民谚的正确写法一窍不通，完全依靠自己的理解想当然地选择字幕，常常令人啼笑皆非。所以，编导和审片人必须严格把关，减少屏幕上的语言污染。

下面我们介绍几种需要注意的字幕用法。

1. 片头题记

在有些电视节目中，最早出现的字幕不一定是标题，往往是片头题记，就是在节目开始，打出一版字幕，辅之以音乐、美工、特技或键击声，开宗明义说明节目的主旨。因为片头题记一般是最早出现的信息，所以一定要认真构思，应该具有一定的冲击力和吸引力，使观众“一见而惊，不忍弃之”。

片头题记等于电视节目的开场锣鼓，头开得好不好决定观众是否能继续看下去。电视观众与电影观众不同，电影观众是“入戏快，转移慢”，影院灯光一暗，屏幕上影像开始活动，全场迅速进入欣赏状态，由无意注意转向有意注意的时间流程很短。即使自己感觉电影不好看，意欲退场，但如果全场观众聚精会神无人离座，个人也很难走开。这就是影院产生的“场效应”的相互影响。看电视则不同，一家一户的欣赏没有环境制约，精力很难集中，往往是“入戏慢，转移快”，手中的遥控器转换频道极其便捷，短时间抓不住他们的心，他们马上就会换台。所以，写好片头题记相当重要。

片头题记一般适合用格言警句式的词语，精辟概括全片的内容或提升出生活哲理。其蕴含的诗意、理性和韵味，具有较强的认识价值、审美价值和艺术感染力。如专题片《明天的浮雕》片头题记是“老一代创造的浮雕叫历史，新一代创造的浮雕叫明天”。《西藏的诱惑》的片头题记“西藏的诱惑，不仅因为它的地理，更因为，西藏，是一种境界”。文字本身，确实具有独特的语言魅力。有些片头题记，文字朴实无华，但淳厚隽永，令人久久难忘。像大型文献纪录片《邓小平》的片头题记“我是中国人民的儿子，我深情地爱着我的祖国和人民”。深深打动每一个观众的心，是邓小平同志高尚情怀的经典概括。这段话也被永远铭刻在邓小平同志的雕像上。

片头题记还可以采用故事引言的方式，在节目的开头用字幕简要交代事件背景或故事的开场，自然引入画面的报道；利用这种形式还可以造成悬念或节约时间，把画面不宜交代的背景进行扼要的说明。

另外，相关的法律条文、科学定律、历史掌故、人生格言也可以作为点题式片头题记。

片头题记是内容与形式的高度结合，其色彩、节奏、字形、构图、音乐、特技都要协调统一，才能够有效地吸引观众。

2. 引文

在电视解说词中有时会大量使用引文。像诗词佳句、名人名言、民俗民谚、典故掌故、某些语录定理等，这些内容应尽量用字幕标明。因为这些引文往往不是常规的表述形式，有些是文言，有些是缩写，有些是双关，仅仅依靠观众用听觉接受比较困难。某些电视片在解说词中大量引用唐诗宋词，不打字幕，观众听了只感到音节的振动，对具体说的什么内容完全感到一头雾水。特别是有些民谚或歇后语经常是利用谐音效果一语双关，如果不打字幕，不仅影响意思的表达，还会造成听觉上的误解。

3. 数据排列

经济报道、实证调查或成就报道经常大量引用数据。为了进行说明对比，有时需要使各种数据排列出现。如果解说词中遇到这种情况，一定要通过字幕或图表的方式加以说明。因为数据比较抽象，连续排列的数据通过听觉很难形成具体的印象，让观众更没有时间进行计算和思考，从而使信息传达难以取得应有的效果。

4. 需要特别强调的内容

解说词中有些内容特别重要，为了引起观众的注意，不可能让播音员重念一遍，也无法让音量提高，所以可以在听觉传达的同时，通过字幕进行视觉的强调。类似报纸上的“黑体字”一样，通过字幕突出内容的重要性。

有时为了不干扰节目的正常进行，无法通过解说传达必要的信息，比如在综艺晚会、歌舞相声小品的表演过程中有些信息必须传达，则只能通过字幕发挥作用。比如《综艺大观》有一期演员们在表演和自己的本行专业完全不同的节目，但是需要介绍演员的背景情况，这时只能通过字幕完成。在综艺或娱乐节目中，对于现场即兴或突发的一些情况，主持人当时没有及时地应接，可以通过后期的字幕进行幽默的调侃。

5. 形成独特的艺术效果

字幕可以造成历史的凝重感。许多文献纪录片、周年特别纪念节目，往往借助字幕效果，比如牺牲烈士一串长长的名单、一年中播出节目的标题依次拉出，形成独特的历史厚重感。这里内容并不重要，突出的是形式效果。

还可以借助字幕形成强烈的对比效果。字幕与解说同时出现，声画对位，但内容分立。比如解说通过声音语言，介绍某地政府一年公款吃喝花销多少、公款购买豪华轿车花销多少等信息，字幕同时打出，此地每年拖欠教师工资若干、未脱贫人口多少、贫困失学的孩子还有多少，使两者产生强烈的对比效果。

6. 利用字幕转移部分信息

如果画面的长度有限而需要传达的信息比较多，解说受到时间的制约不可能全部完成，这时就可以利用字幕转移部分信息。比如，中央电视台《新闻联播》中经常有系列性的新闻专题，像“弹指一挥间”“看今朝”“祖国在我心中”等，时间一般都限定在两三分钟左右。每个小专题都希望在有限的时间内传达尽可能多的内容。如果需要传达的信息在有限的画面长度内交代不完，就可以把部分信息转移到字幕上去，这样，就把信息的传达合理地分配开来。只是选择的内容应当适合字幕表现，同解说词的有声语言配合要协调。

字幕与解说既可以传达同一信息，也可以传达不同的信息；字幕出现的时机要准确适当，照顾到全片的整体结构，注意同其他电视手段的配合关系。

字幕具体的使用方式还有很多，特别在录音效果不好或采访对象地方口音比较重的情况下，一定要打出字幕；对某些方言俚语、民间称谓一定要弄清楚普通话的准确词汇，避免张冠李戴、闹出笑话。

随着网络媒体的兴起和介入，电视传播与网络传播的互动日益增强，图文电视的样式对传统报道方式的冲击越来越大，字幕的作用将进一步扩大。认识并且利用好这一独特的手段是我们需要认真研究的课题。

（三）同期声采访同解说的配合关系

现场的同期声采访，是电视节目非常重要的报道方式，在各种电视报道和节目中的使用十分普遍。由于在电视采访的课程中我们已经进行了全面的讲述，所以在这里只是就目前存在的一些问题以及同电视解说密切相关的部分进行论述。

同期声采访的有些问题在使用中需要引起注意。对散点采访、街头随机采访的使用要慎重，不要用得过多过滥。

街头散点式的随机采访，是一种舆论情况的调查方式。这种采访的重复使用率不宜太高，因为反复使用同样的调查方式，报道同样的信息，得出同样的结论，信息量会随着次数的增加而递减。第一次采访我们称之为信息，再次出现，可以称之为强调，第三次出现可以称之为积累，第四次出现就是重复了。自此以后，信息量依次递减，重复率越高信息量越少，直至毫无信息，引起适得其反的效果，使观众产生逆反心理。我们在宣传报道上经常遇到这样的问题，有时在长达几十天的时间内重复使用街头散点采访的报道方式，形式、内容重复，结果导致观众看到这种报道马上转换频道，实际效果并不理想。

再者，街头的散点采访只是一种电视舆情调查方式，不是严格的科学调查报告，不宜把它作为论据使用。由于调查的对象范围没有科学的界定，对采访问题的选择与回答完全由记者和编导主观意志决定，因此，依此作为论据既不科学，也不可靠。比如，记者在街头随机采访几个行人，询问对某项政策的看法，但绝不能据此得出结论，说这项政策的出台受到群众的一致拥护还是反对。又如，在我国足球超级联赛中，有一个争议很大的点球。某地电视台报道时随机采访了当地一些球迷，受访者都认为这个点球判得对。于是，记者就得出了这样的结论：广大球迷一致认为这个点球判得对、判得好、判得及时。问题是这个节目是对得益一方进行采访的。如果到对方地域进行采访呢？对方球迷肯定认为判得不对。根据对几个人的单方面采访很难得出结论。随机散点采访的局限性和主观性使它只能作为调查情况的展示，不能轻易作为论据使用。

由于采访对象回答问题的语言不够准确或者很不精练，有时需要对采访对象的话做一些技术上的处理，把那些多余的、重复的话剪掉。如果采访时的景别、机位没有变化，为了对口型，只好在同一景别上进行跳接，在屏幕上就会多次出现闪跳的情况。如果在现场采访中多次出现这种同景别闪跳，就会给观众留下不够真实的感觉，认为编导有意删改甚至歪曲了别人的真实表达，因为从技术上完全可以把截然不同的语言组接成一句话，把不同语句中的语言成分任意组接。当然，只要在不歪曲采访对象真实意见的前提下，应该容许编导做出一定的剪辑处理，使语言更精练、更准确。但是，一定要尽量减少在画面上多次跳接，以免引起观众的怀疑和不信任感。所以要求记者在现场采访拍摄的时候，一定要有一些过渡的镜头，比如，给采访记者的反打镜头、全景镜头以及从采访对象身上摇出的环境镜头。在后期剪辑的时候，编导可以利用这些不需要对口型的镜头过渡，使声音剪辑得非常流畅自然；不能只盯着采访对象，景别不变，否则需要剪辑对口型时会非常麻烦。

采访同期声最忌讳没头没脑的突然出现，又突然消失，跟解说词之间缺少过渡和呼应。采访同期声的出现应当是自然引入、水到渠成，成为电视解说中一个有机的组成部分。解说词应当为同期声的出现创造一个恰当的语言环境，需要进行恰当的铺垫、过渡和承接。

在编导进行画面编辑时，同期声采访往往已经根据需要剪辑完成。电视解说一定要根据同期声的内容、出现的时机和其他手段的表现情况，精心设计安排解说的内容和字数，进行自然的引入和承接。有时解说词需要设计得极其严密，如果解说字数太多，会压了同期声；字数太少，同期声会迟迟出不来。因此，必须精确计算时间和字数，才能使画面和解说配合得天衣无缝。

采访同期声的使用主要有以下五个功能：

(1)舆情调查，收集社会的真实反应和普通群众的心声。

(2)突出报道的现场感，使观众如见其人、如闻其声，有身临其境的感觉，充分发挥电视现场报道的优势。

(3)突出采访人物的个性特征。同期声采访主要剪辑那些最能表现个性特征的内容，展示采访对象的语气、神情；如果说出的话缺乏个性，都是一些官话、套话，最好少用；要让采访对象开口说话，就要通过独特的表述语言反映人物的个性特征。

(4)作为一种叙事因素。对过去发生的事件未能及时地捕捉，画面难以再现。除了用空间表现时间，我们经常用当时的过来人或目击者采访进行回述。把同期声采访作为叙事因素的时候，要注意一个原则：尽量避免一个人从头讲到尾，最好是通过对不同对象的分阶段采访，完整地叙述一个事件的全过程。比如，一名解放军战士奋不顾身地抢救落水儿童，在现场抓拍到的可能性微乎其微，这时我们需要通过一系列采访，完整叙述这个事件。我们可以采访沿岸围观的群众、孩子的同学和家长、学校的教师、医院的医生和护士、部队战士、当地政府的领导、市民群众等，把事件进行完整报道。

（5）权威论证。这是电视采访使用较多的一种方式。由于采访对象的特殊身份，或是某个部门的主管领导，或是某个行业的专家权威，他们具有的地位和影响力使他们说的话具有一定的权威性，比解说词更令人信服。我们通常习惯在权威人物出场时，满足于用字幕交代他们的身份地位，但这远远不够。权威人物的采访必须交代清楚在许多对象当中为什么要采访这个对象，他主管的领域或主要学术成就和学术观点是什么。所以最好通过解说，对权威对象进行简要的介绍，避免"大人头"接"大人头"的生硬出场。

同期声采访使用得当，会产生很好的效果；如果使用不当，会产生负面的效果。尤其在现场报道或大型活动的直播中，直播的窗口一打开，现场同期声很难完全控制，一定要事先做好充分的准备，准备各种应急和补救的办法。如果准备不足，就会带来难以挽回的影响。这种教训，不在少数。

声音资料的采集和保留丝毫不亚于图像资料。历史上许多著名人物的讲话，现在都成为不可复得的珍贵史料。尤其是和图像相伴的同期声，更成为影视作品经常引用的历史见证。凤凰卫视高价购得播出的《世纪行过》，记录了张学良将军对其一生的回顾，声情并茂、十分感人，是极其珍贵的第一手资料。而片中解说对同期声背景的交代与评说，缜密周到、拾遗补阙，与同期声的配合如影随形、相得益彰。

同期声在电视节目中的使用，能够起到电视解说难以达到的效果。那些给人印象至深的同期声，由于电视的传播，个别语句会成为社会语言广泛流传。比如《焦点访谈》报道某地博物馆大火，当地的个别领导竭力掩盖事情的真相和损失程度。节目播出之后，在当地群众中广泛流传两个词汇，一个是"无可奉告"，另一个是"损失不大"。

所以，电视同期声的使用非常重要，其选择剪辑的内容、出现的时机和语言环境都应该精心安排；尤其是同解说词的配合，尽量做到丝丝入扣、水乳交融，避免方枘圆凿、各行其是。

二、电视解说的形式要求

电视解说的语言形式没有一定之规，应当根据内容需要选择适当的表述形式，确定解说的基调和风格。同一题材的节目，在不同的编辑意图和画面背景下会有不同样式的解说。甚至在不同的解说撰稿人手中，解说的风格、样式、表述也各有不同。虽然没有固定的模式，但也有形式上的一些基本的规律和特殊的形式要求，需要我们学习借鉴和掌握。

（一）画面长度与解说字数的关系

电视解说是在时间的延续中展示空间的艺术，也是在空间的转换中展现时间的艺术。对于撰稿人来说，对时间字数的准确把握，是同画面配合的重要技术要求。电视解说不能天马行空般地任意挥洒，它必须注意同画面对位、交汇、碰撞、即离的时机，注意画面长度可容纳的字数和解说的语速。

在过去电视技术手段不够发达、录音效果不是很理想的时候，汉语普通话的解说要求是每分钟画面大概 180 个字左右的解说词。现在随着技术手段的提高、人们生活节奏的不断加快，电视解说的播音速度也越来越快。现在电视解说的速度是大约每分钟画面配 250 个字左右的解说词或略快一些。但如果解说达到每分钟 300 个字以上，语速就显得过快，使老年人或听力有障碍的观众听起来就会感到吃力。

这些还不是关键问题，重要的是需要严格对位的地方不能错位。特别对画面中那些特殊的背景、特指的人物、必须强调的细节、解说的某个句子甚至某个词汇，必须同相关画面的位置对得很准，与针对性的画面形象同时出现，才能取得声画结合的预期效果。否则，不仅交叉、碰撞、借力的效果难以实现，还可能会带来非常恶劣的后果。比如，有这么一个节目，其中介绍一个养鸡场的场长，解说介绍“这是养鸡场的场长刘××”。可是，解说有了几秒钟的错位，在这句解说出现的时候，画面上正巧是一只引吭高歌的大公鸡，这令主人公非常生气。

有些电视片在解说合成的时候不进行严格计算，大概齐地把解说和画面凑成一堆儿，往往会闹出不少笑话。有时，字数计算不好，解说可能压了同期声，也可能解说停了好长时间同期声还出不来。那么，怎样避免这些现象呢？

第一，电视解说词段落的划分要尽量细、要短小，不宜长篇大论。有些解说写起来五六分钟还不分段，这样，合成的时候不便于解说同画面的准确搭配。段落短小，计算时间比较容易，播音员也便于调整语速，能找准画面和同期声的准确位置。

第二，解说的句式尽量使用短句，一般七八个字，顶多十几个字，一定要见标点符号，不能写几十个字甚至一百多个字还没有出现标点。句式过长，不仅同画面的配合困难，播音员处理句子的逻辑重音、抒发情感和调整语速也很麻烦。太长的句子，使播音员连换气的地方都找不到。像下面的句子"当我们跨越十六个世纪和三百多公里的时空将摄像机的镜头对准一个多种文化叠印下的社会——南诏政权时"就显得太长了，应该将类似的句子分切处理成较短的句子，以利于同其他因素的配合或调整。

第三，解说的针对性要强。解说无论长短，都是为某段画面服务的，不要笼而统之，放在这里也行，放在那里也可。解说的针对性要求是同画面编辑的段落性和单一性一致的，这样，节目才能做到眉清目秀、层次清晰。

解说词写完之后，一定注意结合画面掌握时间和字数，不适当的地方及时进行调整。但是，撰稿人和播音员对语言的感觉处理不尽一致，不同播音员的个人风格和语速也有不少差异，实际配音中会产生一定的误差。有时，解说还没有念完，画面已经没有了；有时，解说早就完了，画面还在空走。甚至一条新闻消息，也会出现解说不足或抻出的情况，这就需要临时进行修改。为了便于临时进行修改，电视解说词尽量写得有一定弹性，语句有可伸缩性，需要时可以随时填充，不需要时可以及时压缩。这种弹性主要体现在那些附加语和修饰语上，它们不是句子的主要成分，增加可以多一些色彩气氛，去掉也不影响关键信息的传达。

像下面一段解说就很有弹性。"重庆是一座山城，从上到下，从下到上，层层叠叠，密密麻麻，山是一座城，城是一座山。"如果觉得画面太长，解说分量不足支撑，可以按照这个句式加入修饰成分，如"从前到后，从后到前；从左到右，从右到左；从东到西，从北到南"；如果画面不够，去掉其中的修饰成分也无伤大雅，实在不够了，一句解说就解决问题——“重庆是一座山城”，把最主要的信息交代清楚了。

电视解说是集体创作中的一个环节，需要适应各方面的情况和变化，不断进行修改和调整。其他任何手段的变动都可能引起解说词的相应修改。最初的设计同最后的定稿可能面目全非，数易其稿的情况并不罕见，对于这一点我们应当有充分的心理准备。

(二)数字的形象化处理

电视报道中经常会出现大量的数字，尤其是经济报道、成就报道、统计检查等报道中数字出现得相当频繁，而这些信息非常抽象，很难用画面进行准确的说明，基本上是通过解说词进行介绍的。然而，解说词中的数字听起来相当枯燥，往往影响解说词的艺术感染力。同时，观众通过听觉一次性地感受数字没有思考计算的时间，很难直接做出清晰的反应、留下准确的印象。特别是数字的量比较大时，观众只是朦朦胧胧听到了数字的音节，根本不知道其究竟代表了何种意思。

所以，如果解说词中的数字量比较小、数量单位观众比较熟悉或者大家一听就明白的，可以直接使用；如果数字的量比较大、数量单位比较陌生、观众一下子反应不过来的数字，必须进化形象化处理。在介绍数字的同时，可增加一个参照系和可比量，进一步说明这个数字。这个参照物或可比量最好用观众比较熟悉、比较形象具体的东西。比如，我们新建了一座装机容量 100 万千瓦的发电厂，年发电量是××亿千瓦时。这样的数字不是几十度、几百度电，观众只感觉多，到底是个什么概念，其实并不清楚。应该进一步补充，这些发电量能够解决哪些地区的工业用电或多少万人口的生活用电问题。再如，某个地区的“希望工程”新建了多少万平方米的校舍，应该进一步补充，可以解决多少贫困孩子的入学问题。

在新中国成立四十年的时候，《新闻联播》推出了一批新闻专题“弹指一挥间”，基本上是成就报道，在数字的引用上很有特点。

当第一面五星红旗在天安门广场上升起的时候，我国的化肥产量

仅有5976吨。这一可怜的数字，按我国耕地面积平分，每亩只有一两多一点。(《化肥工业四十年》)

河南、山东两省沿黄群众造起了“地上悬河”。他们三次加高加厚千里长堤搬动土石方7亿多立方米。这相当于建起13座万里长城，开挖两条苏伊士运河。(《黄河巨变》)

广播电视都是通过听觉传达数字的，所以在数字使用上有着以上特殊的要求。由于电视语言的特点，我们在使用参照物的时候尽量寻找具有视觉感的因素，用大家比较熟悉的具体形象作参照。这个形象的数量不一定绝对准确，大体相当即可。视觉形象的参照不一定精确无误，大概让观众理解就可以了。

同样，如果在电视解说词中使用到历史年代，不能仅仅出现一个年代序号，因为观众没有时间思考计算，查找到底是什么年代，而是应该在介绍年代的同时，进一步用这个年代著名的历史人物或历史事件作参照。比如，提到公元755年，可以补充这是唐代大诗人李白和杜甫生活的年代，或者是“安史之乱”爆发的年代，是大唐帝国由盛而衰的转折点。如果是对外出口的节目，最好用世界著名的历史人物或历史事件作参照。

(三)谨慎使用简称

简称是我们在说话或写文章的时候，为了节省时间、节约字数对固定称谓的一种压缩用法。由于约定俗成的广泛基础和社会认可，交流时使用简称无须解释就可以彼此明白。比如“三中全会”“九届人大”以及“北大”“清华”等，都是广泛使用的简称。

由于听觉传达和对象的广泛性，在电视解说词中使用简称一定要非常慎重，避免产生听觉障碍或误解。比如由于城乡社会的差异，城市中使用的简称到农村使用未必妥当。在作家协会工作的同志，在城市可以说自己在“作协”工作，到了农村，说自己在“作协”工作，老乡可能误以为在“做鞋”，会问你还能做袜子吗？所以，电视解说词中使用简称，必须有广泛的群众基础和社会承认，过于生僻、容易误解的简称不宜使用。电视解说词使用简称要特别注意以下问题：

(1)不能随心所欲自己发明简称,比如把"五讲四美三热爱"称为"五四三运动",把"关心下一代工作委员会"称作"关工委",这些都是我国电视解说词中出现过的错误例子。简称在电视中使用,必须看它的社会接受程度、媒体传播的流行程度,不能想当然地自行其是。

(2)简称有明显的时代特征和代际界限。过去广泛使用的简称,今天的年轻人可能不知所云。比如,"文革"期间大量使用的一些简称,像什么"斗私批修""一打三反""早请示,晚汇报",今天使用时必须做充分的背景说明,否则,年轻的观众听起来可能会如堕雾中。同样,年轻人使用的简称也要看它们的流行程度,如对于"黑豹""唐朝""蹦迪""泡吧"等简称老年人也很难理解。

有些简称,只在一段特定的时期使用,过了那一段特定的时期就不宜使用了。

(3)简称具有非常明显的地域特点和行业特点,在某一特定的地区和行业中广泛使用。大家认可的简称,不宜用在跨地区、跨行业传播的电视解说词中。各地都有本地通用的单位简称。本地人互相交流时使用没有什么障碍,其他地区的观众可能根本不懂。特别是行业、领域内的简称,比如我国航空航天系统有自己一套简称方式,像"南飞""西飞""哈飞"等,外行业的人可能对此一无所知。

(4)在企业或地区的简称后面加"人"的时候,一定要格外慎重。许多单位,为了宣传企业文化、树立企业形象,经常在企业简称后面加"××人"。简称本来问题不大,可是一加"人"就容易出问题。我们习惯的"大庆人""北大人""首钢人"都还可以,有些企业简称后加"人"就会在听觉上不舒服,像"一汽人""二汽人""北内人",就容易同"气人""内人"联系起来,而像"仪征化纤人"更不可用。一次,某栏目的主持人在串联词中一口一个"战杂人"的介绍,听得观众莫名其妙,不知什么人的称呼这么难听,直到正片开始,才知道她是要介绍"广州军区战士杂技团的人",简称"战杂人"。这种简称在电视解说中使用是不合适的。

(5)简称不能生硬套搬。简称没有什么规律,语言压缩和组合的方式不尽相同。不能看别人使用这种压缩方式,你也盲目照搬。语言有很多特殊的禁忌，谐音、关联、引申、会意的地方很多，约定俗成的简称是经过社会检验的产物，不能照猫画虎。比如“北京广播学院”简称“北广”或“广院”，而北京的有些学院很难依此简称。原先有一所北京经济学院，个别学生套用“北广”的格式，写成“北经”，一念就同“北京”谐音了。上海柴油机厂我们简称“上柴”，而上海纺织厂就不能简称“上纺”（同“上访”谐音），上海吊车厂不能简称“上吊”。

（6）使用简称要注意对象、场合。在一般情况下经常使用的简称，如果遇到特殊情况，比如重要的人物或事件、正式的场合和重要的时刻需要使用全称。比如重要外事活动、正规的外交公报都要使用全称。一般人去世了我们习惯说把他的遗体送到“八宝山”火化，但重要领导人逝世，“八宝山”必须用全称，写成“八宝山革命公墓”，以示尊重。

电视解说词在简称的使用上存在的问题比较多，稍不留神就会出现问题，希望创作者在学习和实践中能够认真注意，避免产生不应有的错误。

（四）避免同音不同义的字词产生误解

这个问题在前面的论述中不断有所涉及，这里集中进行整理和讨论。电视解说词是通过听觉传达的语言形式，由于各种语言当中都有许多发音相同或近似的字词，这些音同义不同或音同形不同的字词，写在纸面上没有什么问题，一旦通过听觉传达，就可能在部分观众中引起误解，所以相声或喜剧中经常利用同音效果“抖包袱”。像相声《歪批三国》中，说三国里面有三个做小买卖的人，其中赵云赵子龙是“卖年糕的”，考证的出处是戏词里有这么一句唱词“只剩下赵子龙老迈年高”，就是利用听觉的同音效果形成的笑料。

有些同音字词只要语言环境合适，出现听觉上的某些误差关系不大，比如把“童稚”听成“同志”，“签名”听成“千名”，不至于产生太大的问题。有些同音字词一旦听走了样，问题就严重了。比如，把“我们的产品质量全部合格”听成“全不合格”，意思就全拧了。一次在《实话实说》节目中，主持人问两个残疾大学生在学校的学习成绩如何，她们回答说“我们的各科成绩全部合格”，刚刚说完，马上更改为“不对，是全都合格。”解说词中同音词如果处理得不好，会引起非常严重的后果。在一部片子中有这么一句解说词“吃田鸡可以治癌”，在观众中引起了强烈骚动，有人认为是可以“治疗癌症”，有人则认为是可以“导致癌症”。

使用频率比较高的词汇尽量为其创造准确的语言环境；如果一种读音有多种选择，就需要避免歧义进行修改。比如“再没有爱的荒漠”很容易听成“在没有爱的荒漠”意思差别很大，最好将其改成“再也没有爱的荒漠”，这样意思表达就准确了。“谁不想有幸福的晚年”容易听成“谁不享有幸福的晚年”，如果改成“谁不想拥有幸福的晚年”就不会产生误解了。对于下面这些使用量比较大的同音词汇，必须为其创造特定的语言环境，避免同一种语言环境下两个词汇都可能出现。比如“市场——试场”“危机——微机”“预见——遇见”“形式——形势”“期中——期终”，在使用时要想方设法避免出现误解和歧义。

要尽量使用双音节的词汇，少用单音节的单字，因为单字节词汇少了一个限定，意思比较宽泛、不够准确。现代汉语对古代汉语的一个重要改革，就是把许多单音节的字变成许多双音节的词。一个古汉语的“时”字，可以衍化出“时间”“时机”“时令”“时刻”“时期”“时节”等一堆双音节词汇。双音节的词汇多了一个限定，意思比较狭窄，也相对更为准确。

单音节的字播出时不容易突出和强调重音，反而容易被“吞”掉，使观众漏听或误听。尤其是解说中关键的连接词、转折词及时间副词的使用，一定要使用双音节词汇，使语句意思的传达准确到位。例如“曾——曾经”“虽——虽然”“因——因为”“但——但是”“望——希望”“前——以前”“较——比较”“应——应该”“自——自从”多出一个字并不会影响速度，但是意思会传达得更清楚；不要贪图一时的省时省力而习惯使用单音节字词，避免造成沟通的障碍。

（五）叙述角度和叙事人称

不同的题材内容、不同的表现对象，需要选择合适的叙事角度和叙述人称。电视解说是同观众的一种交流方式，其自身的角色定位、立场角度、叙述方式会对交流效果产生很大的影响。

第三人称的客观报道是一种所谓的“上帝视点”，无所不知、无所不晓，时空可以自由地转换、跨越。这种报道角度立场比较客观，报道范围不受限制，但其现场感、交流感相对比较弱，不够亲切自然。

现场报道、纪实报道、追踪报道多采用第一人称的报道角度。记者以“我”或“我们”的视点进行报道，比较真实、自然、亲切，突出现场感，同观众的交流比较容易沟通。但是，这种报道角度受到记者视点的限制，不能随意跨越转移。

另外，有些第一人称的解说以报道对象的口吻模拟主人公的语气叙述。这种模拟语气实际是解说词的撰稿人根据自己对报道对象的把握，仿照主人公的语言特点写出稿件，通过播音员配出解说。这种报道方式可以充分反映主人公的个性特征，尤其是有利于直接揭示人物的内心世界和心理活动，弥补其他报道方式的不足。但模拟主人公的语气一定要贴近人物，语气表述要符合主人公的身份、地位、文化程度，特别是性格语言特征，要对模拟人物有深入、准确的把握才能模拟得像。

像获国际大奖的纪录片《神鹿啊，神鹿》就是通过主人公柳芭自己的叙述，讲述她的坎坷经历和心路历程。但由于报道对象的语言能力不同，大部分对象不一定适应这种表述方式，使用起来，要根据个人情况而考虑选择采用哪种叙述方式。

根据节目的需要，电视解说中经常会出现各种人称的转换，比如由第三人称转换为第一人称，由记者的叙述转换为主人公自述。在人称转换的时候，一定要注意在叙述语气上有明显的变化，或配解说的播音员在性别或音色上有明显的变化，以免使观众在看节目时产生困惑，弄不清到底这会儿谁在讲话。这种情况在不少节目中都多多少少存在着。特别是播音员模仿主人公语气的解说，就不能再加入对主人公的采访了。否则，这种两个声音同时出现造成的“穿帮”，就失去了模仿语气使用的意义。如果必须加入对主人公的采访原声，也必须有较长的明显的过渡。

第二人称的解说比较少见，因为它表述的对象是特定的，多用在对某一特定对象的感情倾诉或颂扬、贬斥上，主观色彩极其浓郁，感情比较强烈，是一种情绪或情感的宣泄。

叙述角度和人称的转换，可以形成特殊的表达效果，是一种多角度的观察、多重角色的交流。《朝阳与夕阳的对话》一片交替使用了客观介绍、主观评述、主人公内心独白等叙述语气，使解说情理交融，非常富有感染力。

（画外解说）

这就是雷蕾。

1952 年出生的属龙的雷蕾。

一个在 1952 年出生的所有的属龙的同龄人当中，写出了电视剧《四世同堂》和《便衣警察》主题歌和音乐的雷蕾。

年纪稍大的人也许还记得，八岁时在电影《达吉和她的父亲》中扮演小达吉的雷蕾。

一个经过高等学府教育之后，在父亲为之奋斗一生的长春电影制片厂里，踏着音乐的琴键，已经完全懂得坚实地走过人生的雷蕾。

（父亲画外音）

有人把人生比作四季人生，我却把人生比作人生四季。

夕阳无限好，只是近黄昏。越是接近这黄昏之年，就越能感受到人生的丰满和充实。

我聊以快慰的是，我的太阳人生选择的是歌唱。

（画外解说）

这就是雷振邦老人。

这就是那位 1916 年出生，家族属于满族镶黄旗的雷振邦老人。

一个从吹口琴开始迷上音乐，一生为中国电影音乐事业奉献的人。

一个硬是把宝贝女儿也引入音乐世界，使其走火入魔的老人。

（女儿画外音）

我是听着爸爸的音乐长大的。

如果说，滋养我生命的是母亲的乳汁，那么，爸爸的音乐，就是我最直接的精神乳汁了。

但这音乐的乳汁可不像妈妈的乳汁那样甘甜。记得五岁学琴的时候，我死活不肯就范的任性，使得父亲也无可奈何。

我喜欢滑冰，喜欢舞蹈，相比起来，直到现在，我对前者还有着浓厚的兴趣。但最终，我还是"浪子回头"，重返音乐之乡，与父亲一样，选择了这个终日为乐思而苦的行当。

不同的叙述语气和叙事角度，在表现人物、交流感情时起到了单一角度难以表达的作用。在上海 30 万吨乙烯工程竣工之前，一位为工程付出全部心血的工程师患了癌症，在临去世前他留下了一盘录音带，希望工程竣工时把他的骨灰拿到庆祝现场，让他在九泉之下看到工程胜利完成。但是，这位工程师是上海人，一口地道的上海话，一般观众很难听懂。在录音带的声音背景下，一位普通话带上海口音的同志讲述了这段遗言，形成了标准普通话难以达到的感人效果。

电视解说应该多使用一些叙述方法，不要总拘泥于一种声音配音到底。在配音的性别、音色、角色分配上，可以根据需要，多一些变化，这样可以实现一些比较特殊的效果。比如男女声的分配、历史与现实之间、抒情与叙事之间、新闻与背景之间、正面与反面之间、中国与外国之间都可以形成一定的反差对比。有时可以一个段落换一种声音，有时甚至可以一句话或者一个词组换一种声音。这种迅速的交叉转换可以形成独特的效果。比如：

(男声)"黄海开机，"

(女声)"东海开机，"

(男声)"南海也开机。"

一递一句，形成此起彼伏的效果。再如：

(男声)"北京告急!"

(女声)"天津告急!"

(男声)"上海告急!"

(女声)"广州告急!"

(男声)"武汉告急!"

(女声)"沈阳告急!"

……

这样，你追我赶、波涌浪急，形成燃眉之势的紧迫感和危机感，是平铺直叙的解说方式难以实现的。

有时解说可以使用多种音色的配音。在父子之间、母子之间、祖孙之间、夫妻之间、师生之间、干部与群众之间、法官与罪犯之间等都可以进行不同语气的叙述和对话。而且，不一定永远使用单一的叙述语气，可以使用设问句、反问句或者问答式的解说方式。像《卢浮宫》就采用了男女主持人问答的方式，同屏幕前的观众思路保持同步，收到了很好的效果。纪录片《话说长江》中《三峡传说》一集，通篇采用父女对话的解说方式。我们看结尾一段：

（在著名的抒情歌曲《乡恋》优美的旋律中）

爸爸："小华，你在想什么？"

女儿："我在想，我若是能去三峡该多好啊！爸爸，怎样才能去三峡呢？"

爸爸："到三峡去有两条路，一条是从湖北的武汉市溯江而上；一条是从四川省的重庆市顺江而下。古往今来，游三峡的人大多是从重庆出发的。"

《话说长江》《话说运河》等优秀节目在这方面提供了很好的范例，值得我们认真借鉴和学习。

（六）电视解说语言的规范化要求

电视传播面对的是千百万观众，有时甚至可能是亿万观众。许多观众是通过电视来学习规范的语言的，包括海外华人和热心学习汉语的外国朋友。电视的巨大影响力使它在民族语言的规范和流行方面起着前所未有的重大作用。许多新的词汇、新的表述方式，正是通过电视得到广泛推广和社会认可的。所以，电视屏幕上语言的使用必须规范。特别是电视解说词和串联词，不仅承担着传播语言和使语言保持纯洁的双重责任，而且还面对着亿万观众的考验。众目睽睽之下，稍有不慎，就会贻笑大方，破坏自身的形象。比如蓓蕾的"蓓"字，只有一个正确的发音"bèi"，没有"péi"的发音。我国有一位影视演员的名字中有一“蓓”字，许多人发音为“péi”，我们的电视节目也跟着读“péi”，结果导致许多名字中有这个字的女孩都将该字念成“péi”。

在电视解说词和串联词中，有几个问题尤其需要注意。

1.不要出现明显的逻辑混乱

有些语句表面听起来似乎是对的，但仔细一琢磨，就发现完全不合逻辑。比如，电视上曾经长期播放过一则广告，“我喝了一辈子酒，只有××酒喝了不上头。”这就是典型的逻辑混乱。“一辈子”是一个时间概念，“只有××酒”是种类概念，时间与种类之间不能形成任何类比关系。“一辈子”只能说明喝得时间长，不能说明喝得种类多，怎么能够证明“只有××酒”最好呢？时间与时间可以形成比较关系，比如“我喝了一辈子酒，只有今天喝酒不上头”这个逻辑关系是对的或者“我喝了一百种酒，只有××酒喝了不上头”。种类对种类，这个逻辑关系也可以成立，但“一辈子”的时间无法说明“只有××”最好的种类。

2.不要出现明显的常识性错误

电视报道非常忌讳出现常识性错误。特别在人名、地名、民族、宗教、地理、历史、典故、引文等方面，我们一定要认真核实。电视屏幕上经常出现把民族名称念错和把人名、地名弄错的问题，说浅了是工作责任心不强，说深了是对某个民族的不尊重、对他人名誉的伤害。

3.不要出现语言感情色彩或分寸感的失误

解说词的词意有轻重、大小、明暗、褒贬的不同，要仔细推敲辨析，不能满足于似是而非。比如一次某电视台制作了一部电视剧，主持人非常隆重地向观众介绍说“我们最近制作完成了一部精彩的电视剧，这部电视剧是歌颂真善美、践踏假恶丑。”践踏，是对行为主动者带有贬义的一个词汇，这样使用等于自己贬损自己。我们可以批判、可以鞭挞，就是不能用践踏。

语言有着自己严格的规定性，需要规范的地方必须规范，但规范不等于僵化。规范是为了传达和交流的畅通，为了消除种种随意性因素造成的交流障碍。电视解说面对的受众群体是空前广泛的，其跨地域、跨行业、跨年龄、跨文化程度的传播要求语言尽量采取最标准、最普遍的规范语言。否则，对严重的屏幕语言污染熟视无睹甚至听之任之，很可能造成难以估量的后果，必须引起高度警觉。

至于屏幕上比比皆是的错别字，解说串联词中的病句、乱句，主持人错误百出的表述，完全属于语言基本功的问题，这里不再详述。需要强调的是，电视传播者的责任心一定要强，把握不准的地方应该细心查证，千万不可马虎应付。

思考题

1. 为电视节目拟定标题有哪些可以借鉴的思路？
2. 使用字幕时容易出现什么问题？
3. 解说词怎样同采访同期声配合？
4. 解说词怎样同画面准确对位？

第八章　电视写作的艺术追求

本章重点：

1. 电视解说词的听觉效果。作为听觉传达的语言，电视解说要讲究语言的节奏、韵律、色彩、平仄处理，形成整齐回环、抑扬顿挫、优美顺畅的视听美感。作为电视解说词的撰稿人，要有意识地培养良好的“语感”。

2. 电视解说中一些特殊的修辞方式，如使用重复、同义反复、对偶排比、拈连借代、谐音双关等侧重听觉效果的修辞手段，可以提高解说的艺术表现力。

3. 解说语言的艺术处理要特别注意对艺术辩证法的认识和运用；注意语言表述的分寸感和火候；注意感情表达的内在力量；尽量做到语言表述简洁、精练。

4. 提高电视解说的艺术感染力，注意语言运用的生活化和口语化程度，避免书面化和公式化倾向；解说语言要跟上语言的发展变化，体现出作品的时代特征；机智幽默的语言技巧是接近观众、提高观众兴趣的重要因素；强调对解说开头和结尾部分的处理。

电视作品的艺术表现力很大程度上取决于电视解说的艺术感染力。对于同样的电视画面，解说水平的差异往往会带来截然不同的收视效果。恰如其分的精彩解说，不仅为观众提供了必要的知识和信息，而且能使他们获得极大的审美愉悦，引发他们进行积极的人生思考。因此，努力提高电视解说的艺术表现力，应该是电视创作的不断追求。

电视解说应该“讲四个方面的话”：

第一，讲必须要讲的话。该传达的信息不讲不行，不讲观众就弄不清楚、看不明白。

第二，讲令人信服的话。真实、诚恳、合情合理，不虚饰，不空洞。

第三，讲令人感兴趣的话。语言要有感染力和吸引力，说得机智巧妙，使人感到愉悦、兴奋。

第四，讲令人赞叹的话。你的说法能给人以启发思索，让观众感到过瘾、拍案叫绝。所以，电视解说的艺术追求讲究六个字：事、理、情、奇、趣、势，也就是要叙事清楚、说话在理、感人动情、出奇制胜、有趣有味、气势逼人。

电视解说除了掌握一般写作共同的语言修辞方法、可借鉴的艺术技巧之外，还应该注意电视解说特有的艺术要求和特殊的语言处理方法。

一、电视解说的艺术特点

电视解说是用文字语言组织表述、通过听觉系统传达信息的一种语言方式，在艺术表现上有许多独特的地方。它具有的听觉感、交流感、配合性、间断性，既不是纯粹的文字表述，也不是朗诵、话剧等听觉艺术的表述方式。

（一）电视解说的听觉效果

电视解说作用于观众的听觉。在服务于内容的前提下，解说语言自身的形式美感和听觉美感对提高语言自身的感染力和表现力是十分重要的。

比如，电视解说本身的表述形式对某些内容具有特殊的表现力。在《万里海疆》中有一段谈到海与船的关系，由于画面资料的欠缺，历史上一些著名的航船难以再现，这时，解说使用了一段排比句式：“我们想到过鉴真渡东洋的那条中国船，我们想到过郑和下西洋的那条中国船，我们也想到过泉州博物馆里那条出土的古船，我们还想到过……”这样一种排比句的外在形式，在语感上形成了语言的推进和延伸，产生了一种历史的纵深感，在一定程度上弥补了画面资料的欠缺，使语言形式构成了内容的因素。

解说语言的美感主要侧重于语音和词汇的选择，追求语言的声调、色彩、感触等。例如选用词汇的明暗与软硬的区别，响亮与沉郁的区别，语句中急促与舒缓、豪放与委婉、明快与抑郁的区别，都给观众以不同的听觉感受。色彩的浓淡、感情的深浅、褒贬的强弱都对内容的表达产生或大或小的影响。语句中的整齐、抑扬、回环、重音可以通过运用对偶、排比、重叠、反复、顶真、双关、谐音、骈散结合等修辞方式构成不同的听觉感受，帮助内容的表达。

解说作用于观众的听觉，有一个基本的要求，就是要好听。除了播音员的艺术处理之外，语言自身也存在一个节奏与韵律的问题。对于有些解说词，播音员处理起来非常舒服，抑扬顿挫，朗朗上口，如行云流水一般，观众听起来自然也顺耳舒畅。而对于有些解说词，播音员读起来别别扭扭，重音也不好找，换气也不流畅，处理起来感情气势难以把握，观众听起来也觉得刺耳艰涩，严重影响收听的情绪。

任何民族的语言都有一种内在的节奏韵律和色彩，它们同词义紧密相连，难以完全剥离。我们平常使用的大量成语典故、格言警句、俚语民谚之所以能够广泛流传、长久不衰，其中一个重要的因素就是上口易传。包括 20 世纪 90 年代我国民间大量流行的一些所谓“段子”，排除其中那些消极因素不说，其实中间蕴含了许多语言的智慧和技巧；那些流传最广、经得起时间检验的部分，都有值得研究的语言技巧。

像我们平常说的“张三李四”，二平二仄，听起来就比较顺畅，如果改成“张三王七”，四个字都是平声字，听起来就比较别扭，不宜流传，更难以固定。毛泽东同志有一段很著名的话，大家比较熟悉：“一张白纸，没有负担，好写最新最美的文字，好画最新最美的画图。”他为什么要把“图画”这个习惯的用法改成“画图”呢？因为这是两个并列的分句，最后的一个字最好是平仄相间或交错，一平一仄或一仄一平，这样才能形成有抑有扬。前面“文字”的“字”落在仄声上，后一句如果用“图画”，“画”字仍落在仄声上，从语感上就不好听。所以他特意把“图画”这个联合词组改成“画图”，意思没有变，但“图”是平声字，扬了起来，从语感上读起来就舒服多了。这一字之改不是随便改动的，它体现了毛泽东同志深厚的语言功力，对语言认真的推敲选择和准确的把握。

我们许多人不会写格律诗，也写不好对联，原因并不是我们不会押韵，也不是不懂对仗，关键是平仄不好把握。因为古代汉语讲究的四声是“平上去入”，而现代汉语是“阴平阳平上声去声”，没有了入声字，是因为入声字有一部分变成了平声字。我们今天读的平声字过去可能是入声，写格律诗和对联得按仄声处理。因为需要死记，所以非常麻烦，我们不去管它，只要根据现代汉语的声调进行处理即可。

那么，我们撰写解说词还要一字一句去抠它们的声调吗？那倒不必。但是，形成语言抑扬顿挫的道理我们要知道。这样，一旦语感不对，我们可以知道问题出在什么地方。比如，很多人喜欢唱歌，但歌曲中有些地方的歌词唱起来比较别扭，需要放声的时候放不出，连续出现的仄声词换不过气来，就是因为有些歌词作者不懂得语言抑扬顿挫的道理，不注意平仄声的适当分布。

写电视解说词，很重要的一种修养就是要培养自己良好的语感。语感不同，写出来的东西就大不一样。有良好语感的人可以通过自己的直观感觉，发现、辨析解说中那些不顺畅或是别扭、生硬的地方，并进行必要的修改和调整。语感包括字词选择、句子结构、感情色彩、节奏韵律、重音强弱、抑扬顿挫以及发音处理等。受到多种因素的影响，良好的语感需要不断培养和锻炼。比如，我们可以通过朗读去找感觉，通过演讲去切身体验；写好解说词的文字稿后，自己先读一读，念两遍，如果感到哪个地方别扭，就找找原因；如果是平仄方面出了问题，可进行调整和更换。

在一个句子中，平仄声词汇的配比要匀称。不能在一个句子中全都是平声词或全都是仄声词；或者是平声词太多，仄声词太少，这些组合都不利于内容的表达。有抑才有扬，有放才能收。只抑不扬，也抑不住；只放不收，也放不开。如果处理得不好，播音员连换气都找不着位置。所以，在平声词过多的句子中，应该换几个仄声词，反之亦然。比如，“三天播完七十三亩田”除了一个“亩”是一个仄声字，其余全是平声字，读起来显得底气不足、色彩平淡，而应该替换上几个仄声字，比如改为“三天就种完了三十七亩地”。“就”“种”“亩”“地”几个仄声字加进去，显得抑扬顿挫，使句子的听觉感受就舒服多了。同时，如果一个句子中仄声字太多，一味地收，声音放不出来，效果同样受影响，像“打立夏起就断断续续地下雨”全是仄声字，一个平声没有，播音员处理起来非常难受，观众听着也别扭，如果加进几个平声字，改成“从立夏以来就不断地下雨”收放比较平衡，感觉就好多了。

同时，句子中词组音节的安排也影响表达的效果。一般情况下，音节少的词组应该放在前面，音节多的词组应该置后，避免头重脚轻。如果读起来语感不舒服，可以增加后面的音节来进行调整。比如这样的句子，“四人帮的干扰破坏，使党受其害，国受其害，人民群众受其害”几个分句都是用同样的“受其害”三个音节，这使最后的句子显得音节不够，给人以没完没了的感觉。如果在最后加入一个音节，加入“深”字，改成“人民群众深受其害”，就使这个句子完满地结束，语感舒服多了。再比如，“成都气候温和，雨量充足，地平，树绿”前面都是四个字的主谓结构，后面突然变成两个字的主谓结构，句子结束就显得过于突兀。这里，最好加大后面句子的音节，改成“树是这样的平，地是这样的绿”，语感就变得从容得多了。

语言的组合变化是无穷无尽的，要求不同、语境不同、配合的对象不同、时间的宽容度不同，处理起来没有固定的模式。但是，对解说语言来说，通过节奏韵律形成一定的听觉美感是一项需要掌握的技巧。当然，解说语言的节奏韵律绝不是要求句句押韵，那样反而显得太做作、太矫情，因此，分寸感一定要把握适当。解说语言的节奏和韵律更多地体现在语言内部，例如词汇的选择、安置与组合方式。在许多电视综艺节目或娱乐节目的串联词中，常常有这样的语言结构“下面我们将向大家介绍……”。不少主持人在这个地方就会打磕巴，因为“将”“家”“介”三个相同声母的字连续出现，非常别扭和拗口。同样道理，像“生死时速”一类的组合简直同绕口令差不多，容易造成表达的差错和接受的障碍。

在一定条件下“形式就是内容”，解说语言的结构方式往往直接影响内容的表达，比如利用排比句形成历史的纵深感、利用对偶句形成对比反差、利用男女声交替对说形成此起彼伏的递进感、利用某些语言组合在群众中的深入影响形成含蓄机智的潜台词效果、利用字词的同音或谐音效果形成双关寓意等。语言的气势与风格也会强化观众的感受，为解说的内容增色，更有效地影响和感染观众。

(二)语言修辞方式对听觉效果的影响

说话和写文章时的表达方式有很大差异。说话交流时的语气、表述、指代一旦脱离了当时的语境,直接被写进书中,可能显得莫名其妙。电视解说有一些比较特殊的语言修辞方式,是一般文字写作不常使用的。

1. 重复

写文章很忌讳多次重复使用同一个词汇或连续使用同一个句子,即便为了表达同样的意思,也尽量换一个词汇避免重复。但在电视解说词中,为了达到一些特殊的听觉效果,经常把一个词重复使用,原因在于以下几点:

一是造成一种危机感和紧迫感。比如,画面上是运河沿岸各个单位不断向运河里排放污水、垃圾,解说词是“排放,排放,还是排放”。“排放”一词的重复使用,从听觉上给观众以强烈的冲击,产生对环境忧虑的紧迫感和危机感。

二是形成一种延伸和行进感。比如“从此我们的心向着南,意向着南,我们将一往无前地向南,向南”。再如,“每当黄昏落日之时,他(邓小平)总是围着软禁他的小庭院,沉思不语地走着,走着”。“向南”“走着”这些词的连续重复使用在听觉上形成了绵延不断的感觉。

三是放大或突出某种意境和感觉。比如“骆驼慢悠悠、慢悠悠地行进在沙海中;驼铃响在静悄悄、静悄悄的瀚海里”。两个“慢悠悠”的重复使用就显得更慢了;两个“静悄悄”的重复使用就显得更静了。解说词在听觉中的重复出现,类似画面中的慢动作特技镜头,把一个瞬间延伸放大,把一种情绪或感觉展开,使其更为突出。如“长江水,黄河水,珠江水,无时无刻不在拍打着基隆港,不在搂抱着台湾岛,轻轻的,轻轻的”。“轻轻的”一词重复使用,显得无比轻柔,使两岸同胞的骨肉深情在这里得到了充分展现,起到了很好的听觉效果。

四是形成期待的感觉,在朗诵词或串联词中经常使用。比如“看啊,流水发出欢笑,山冈也显得年轻。人人挂着喜悦的眼泪,个个兴高采烈。亿万人民在倾听、倾听……倾听着一个震撼世界的声音”。这种万众期盼的情绪通过“倾听”一词的重复,被体现得淋漓尽致。

2. 同义反复

我们形容音乐或语言的听觉效果时，经常使用“余音袅袅，绕梁三日，不绝于耳”或“言犹在耳”这样的字样。语言组合的回环往复往往能使观众感受到余音不断、挥之不去的感觉。所以，电视解说词经常采用同义反复、顶真回环的修辞方式，把某一个词组颠过来又倒过去，顺着说又反着说。比如“重庆是一座山城，从上到下，从下到上，山是一座城，城是一座山。”“这就是呼啸的风雪，风雪的呼啸。”“谁不是爹妈的心头肉，谁没有自己的童年？旧社会，童年究竟给我们穷人的孩子带来了什么？除去受饥饿，只有斑斑血泪，血泪斑斑！谁没有爷爷奶奶，谁不想有幸福的晚年？旧社会，晚年究竟给我们穷人的父老留下了什么？除去饿死冻死，只有斑斑血泪，血泪斑斑！”

这种修辞方法的长处在于，音节的排列正好相间交错，前面是平平仄仄，后面就是仄仄平平，就像喊口令前面是“一二三四”，后面是“四三二一”，意思没有变化，只是通过序位的变化再次强调。所以许多广告为了让消费者加深印象，经常在广告词中使用这种修辞方法，比如“长城电扇，电扇长城”“万事发，发万家”“佳佳进家家，家家爱佳佳”“吃好醋，好处多”都是这种类型。著名的“车到山前必有路，有路必有丰田车”除了利用中国民谚，在听觉上也采用了“有路”和“车”回环往复的修辞方法。这些广告词都取得了良好的宣传效果。

3. 对偶句和排比句

电视解说词比较多地使用对偶句或排比句，一方面因为这两种修辞方式语言比较整齐，通过语言整齐的排列或工整的对仗形成一种互相连带、依借和呼应的气势或形成积累、延伸和对比的效果。我们看下面的解说：

> 还记得那和着沂蒙小调的纺车吗？曾摇出多少情和爱？
>
> 还记得那日日夜夜转动的石磨吗？曾磨出多少支前的军粮？
>
> 还记得这弯弯曲曲的山路吗？子弟兵从这里开进城市，走向胜利。

整齐的排比在听觉上是一种积累，是绵延不断的延续，可以引发观众更多的联想。上面一段解说就是通过“还记得”的系列排比，形成情感的不断积累，调动起观众绵绵不断的往昔回忆。

《西藏的诱惑》在排比句的使用上可以说达到了一种极致，是塑造全片风格的重要因素。比如，在摄影家孙振华的大量摄影作品和西藏景色的交叉迭化中解说连续使用排比句：

> 西藏的诱惑，是那大自然动人的诗章，是那第三女神的圣洁，是那高山林海的苍茫，是那世界屋脊的满目纯澄，是离太阳最近的地方那一束奇光……
>
> 西藏的诱惑，是那西藏风情真切的吟唱……
>
> 西藏的诱惑，是一次次在这片古老而神奇的土地上纵马高山……
>
> 西藏的诱惑，是一次次在大山的环抱里露宿长河……

此解说一吟三叹、一气呵成、荡气回肠；语言形式构成了内容的气势和魅力。

对比句对仗工整、平仄相对、音节整齐，容易在听觉上形成强烈的节奏感和韵律感。我们看下面的例子：

> 雕塑家的劳动虽然有声有色，但却默默无闻；
>
> 他们可以成家，但是不容易成名。

> 男孩子喜欢过一个热热闹闹的春节，女孩子喜欢过一个安安静静的春节。

除了音节上的整齐之外，对偶句和排比句还能够比较清楚地揭示出画面的蒙太奇组接关系。通过同画面的剪辑节奏和谐配合，或并列，或平行，或对比，或递进，彼此呼应、相得益彰，加深对画面的感受和理解。在《庐山——别墅春秋》中有一组关于“美庐”的解说：

> 1949 年 9 月 30 日，蒋介石站起来，走了。
>
> 1949 年 10 月 1 日，毛泽东走进来，坐下了……

这种形式的对仗，折射出时代的沧桑变幻，凝聚了巨大的历史信息。

4. 不同性别与音色的处理

电视解说需要听觉传达，因此解说词在设计的时候需要考虑不同内容使用不同性别和音色的声音效果。比如历史与现实的交错、正面与反面的对峙、抒情与叙事的穿插、双线的平行发展都可以通过性别与音色的分布进行区别。有时可能是段落的轮换，有时可能一句一轮换，甚至每个词交错出现。这样在听觉上可以形成此起彼伏的语言效果。比如“渤海开机，黄海开机，东海开机，南海也开机”，男女声交错出现，给观众此起彼伏、接踵而来的感觉。再如“北京告急！天津告急！上海告急！武汉告急！广州告急！西安告急！”，如果男女声交替出现，那种危机感、紧迫感就非常突出，而如果一个声音下来，效果就逊色多了。为了形成特殊的表达效果，我们也可以采用多种音色配不同内容的解说。

5. 谐音或拈连方式

电视解说可以借助有声语言的优势，利用词汇之间不同的组合方式，利用词汇间谐音、会意、接近、连带、相关、蕴含等各种外在的和内在的关系，巧妙灵活地组织语言。许多特殊的修辞效果是书面语难以直接体现的。

我们看下面两段解说词：

> 这海涛，你说奇不奇？说是云吧，它实实在在是大海；说是海呢？它的确又像飘动的云。哦，那就叫它“海云”吧！
>
> 云是海，海是云，这是名副其实的云海。

以上解说都是利用海与云的空间联系达到听觉上的自然接近，使需要介绍的关键信息水到渠成地衍化出来，起到了画龙点睛的效果。再看：

> 这里有山，这里有水，山中有水，水中有山，是一个实实在在的山光水色的世界。

> 郑板桥的手迹，妙中有怪，怪中有妙，真是怪妙的。

> 文静多姿的峨眉山，有小桥，有流水，没有多少人家。

解说把一些既成的语言形式拆散开来，或成语，或典故，或诗词，并重新组装，利用这些固定格式在观众中的影响形成听觉上的自然认定趋向，使观众感受到语言的智慧和魅力。

“当年蒋介石得到美庐正好是8月8日。‘八八’‘发发’。他没有发到底，却弃庐而去。”这种处理在字面上没有产生多大效果，但解说用听觉传达就韵味十足了。

其实，人们在日常的谈话或交流中经常利用语言的听觉效果，创造出无比生动的语言表达方式，那种即兴拈来、借题发挥、左右逢源的语言技巧是任何书面文字都无法比拟的。如果电视解说在这方面的特点和优势能够得到充分的发挥，我们的电视创作手段会更加丰富，电视作品也会更加多姿多彩。

二、电视解说的艺术处理

要提高电视解说的创作水准，创作者一定要有主动的艺术和创新追求，不能满足于制造千篇一律的作品。如果你撰写的解说连你自己都打动不了，怎么可能感染观众呢？提高解说语言的艺术感染力，绝非轻而易举的事情，需要不断地去实践、探索和磨合。

提高电视解说的质量需要注意把握以下几点：

第一，内容力求充实具体，“水分”不能太多，可说可不说的话坚决不说，在提高解说的信息量上下功夫。

第二，语言要富于创造性和感染力，具有时代特征和现代气息，避免“八股文”和陈词滥调。

第三，形成鲜明的语言风格和独特的表述方式，与其他电视手段配合默契，风格和谐统一。

第四，有独特的见解和一定的深度，能给人以启发和思索，切忌老生常谈、浅尝辄止。

（一）艺术辩证法的认识和运用

电视画面与电视解说是两种不同的表述系统。在处理解说词的时候，我们会发现解说与画面的关系中有许多对立的范畴。比如在虚实、显隐、主次、详略、动静、张弛、疏密、向背、缓急、轻重之间是相互对立、彼此一致还是互为依托，都需要运用艺术辩证法的规律进行辩证的处理。

解说与画面配合的基本状态是若即若离，有时紧贴画面，有时又游离画面，二者既对立，又统一。画面是虚的，解说可能是实的；画面表现的是点，解说可能表述的是面；画面是直接的，解说可能是隐蔽的……

解说对于画面既要“入乎其内”，又能“出乎其外”。“入乎其内，故能写之；出乎其外，故能观之。入乎其内，故有生气；出乎其外，故有高致。”“入”的意义在于认真钻研画面素材，体察细微；“出”的意义在于客观评价，高屋建瓴。“入”的思维特点是形象性、情感性；“出”的思维特点是抽象性、理念性。解说既不能脱离画面自行其是，又不能为画面所约束无所作为。

比如，画面表现的气氛已经非常热烈，表现力已经足够充分，不一定再用解说去画蛇添足。再如，节奏的形成要靠有规律的强弱或缓急的对比，要依赖参照物的衬托。快节奏的画面不一定配上快节奏的解说。戏曲伴奏中所谓的“紧拉慢唱”就是这个道理。解说可以通过烘托、映衬、对比或打一点“时间差”的手法故意形成节奏的反差，以突出对方、调整节奏。

比如，做了慢动作特技处理的画面往往需要配合快节奏的音乐。因为一般需要做慢动作的地方往往是节奏最快的时候，为了使这个转瞬即逝的瞬间延伸扩展、给人留下深刻的印象，所以做慢动作处理，但实际节奏应该是很快的。再比如，在平静、沉闷的静态画面中，为了体现人们心情的焦急、紧张，可以配上节奏极快的解说。

要想表现炎炎夏日中午的宁静，万籁俱寂不行，那样没有参照，最好是让树上的知了拼命地叫，叫的声音越大、越单调，越能够衬托出夏日的安静。以动写静、以小见大、以弱示强，就是对这种辩证处理的生动说明。

《话说长江》在拍摄长江源头时要表现那里的气候异常寒冷，滴水成冰。画面中的人物个个身穿大皮袄，还冻得哆哆嗦嗦。这时的解说没有一味地写冷，反而去写热，说“在长江的另一端，南京、上海的人们都热得恨不得脱去衣服，跳进长江里去游泳”。画面情景与解说内容的强烈对比更衬托出寒冷的感受。

“此时无声胜有声”就是典型的辩证处理。在“有声”与“无声”的关系中，“无声”怎样才能胜过“有声”？一味“有声”不行，那样就会声嘶力竭；一味“无声”也不行，那样就成了聋子看戏。要让“无声”胜过“有声”，必须先有声音的充分铺垫和渲染，在声音相当饱和已成奔涌之势之际戛然而止、突然静场，把观众的视听情绪带入主动欣赏、主动发挥的状态，使接下来的“无声”画面胜过“有声”。

凡是艺术大师，往往在相应的情绪、气氛营造到一定程度时戛然而止，欲擒故纵；在写到情绪最激烈的关键时刻，一定不再过分强调，而是把主动权交给受众，让观众自己去体味和领略。白居易写《琵琶行》，一开始是“大弦小弦错杂弹，大珠小珠落玉盘”；然后，越写越激烈，一直写到“银瓶乍破水浆迸，铁骑突出刀枪鸣”；最后，“四弦一声如裂帛”，显示出情绪之激烈已经达到了极点。此时，白居易恰到好处地给我们转了一个“空镜头”，“东船西舫悄无言，唯见江心秋月白”。这个“无声”和“静场”，使千言万语、千头万绪在读者心中激荡，确实胜过了“有声”的效果。

电视专题片《竹——说竹论美》在介绍了竹子的一些特点后，画面上一只竹筏划向竹林深处的水中，解说在这里引导了一句“引人到仙境当中去……”，然后解说全部退出，让观众自己去领略画面的美景。在电视解说中，要善于使用省略号，表达一种欲言又止、欲说还休的余韵，给观众留下自己领略的天地。在艺术心理学上，这种欣赏效果被称为“空筐效应”。我们在前面的解说只是为观众编出来一只空筐，这个筐子里装什么东西由观众自己决定，而不要作者把这个筐全部填得满满的，剥夺了观众主动欣赏的乐趣。

在非常紧张的画面中，解说来一点小松弛；在非常严肃的场合下，解说来一点小幽默，不仅在一定程度上缓解了观众的紧张情绪，为他们增添了几分愉悦，也会使画面内涵更为丰富，更加情趣盎然。在这里，适度的分寸感极其重要，恰到好处，不要弄巧成拙。艺术辩证法的主要精髓就是避免绝对化，不能一成不变，有时在和谐中求对立，有时在对立中求统一。巧妙地运用艺术辩证的规律，可以使我们更加灵活地借鉴多种创作技巧，更加自然地处理好画面与解说的关系。

（二）语言分寸感的准确把握

解说语言分寸感的准确把握，既是作者个人文字修养的一种表现，也是他对报道内容的了解和认识程度的体现。语言的精确性依赖于思维的精确，依赖于对画面的理解能力，对画面的揣摩越细致，对问题的思考越精确，笔下语言的分寸感就越强。电视解说一定要善于在相似的语言中反复比较、推敲、选择，不能满足于“差不离儿”，更不能似是而非或削足适履。

语言的作用大小，不一定体现在词义的轻重和强弱上。有些节目的解说词为了追求所谓的宣传效果，一味选择那些强烈、夸张的字眼，对报道内容尽力涂饰加码，效果往往适得其反。语言的表现力在于能够抓住特征，进行准确反映，而不在于用许多华丽的辞藻任意拔高。

假话、大话、空话简称“假、大、空”，是我们历来反对的一种文风，但是所谓的“任务”一来，总有人习惯使用这种语言模式，这也是电视解说词中屡禁不绝的一种通病。有些句式和表达方式在最初使用的时候还有一定的新意，但如果用得过多过滥、不分对象、不分场合，什么情况都拿出来乱用，就成为不传达任何信息、毫无表现力的套话。比如，无论举办什么活动都来一句“既轰轰烈烈，又扎扎实实”。再如，表现边疆地区、三线建设者的奉献精神时，曾经有一种很不错的说法，“他们是献了青春献终身，献了终身献子孙”。第一次使用的时候，确实精彩，但如果涉及此类题材的电视节目的解说词中都有这么一句，就成了俗套。解说语言需要创造性的经营，需要根据时代的发展和具体的题材不断寻找新的表述方式，不能几十年如一日说一成不变的套话。套话是创作者思想懒惰的结果，是对报道对象的特征缺乏准确把握的表现，它很难达到理想的传播效果。

解说语言由于有画面形象的配合，所以要尽量少使用形容词或程度副词之类的虚词，因为这些词不传达具体的信息，像“灿烂”“辉煌”“伟大成就”“极大提高”“明显进步”“进一步突破”等，是无法传达具体信息的。

缺乏分寸感的解说往往不顾客观事物的具体特征，不顾事物之间是否有必然的因果关系，牵强附会、随意拉扯。不论是什么原因、何种活动，都会引发相同的结果。比如,“计划生育、职工体育、环境绿化、技术培训、思想政治工作,甚至解决两地分居,其结果都是促进了生产的发展。”这种生硬的穿凿附会的说法在我们的电视报道中屡见不鲜。

解说一定要抓住事物的特征,用准确的语言传达实际的信息,尤其在相似题材的报道中,必须捕捉其独特的信息。

解说词一定注意不要把话说得过满、过于绝对,尽量避免直接下结论。结论最好由观众得出,而作者的评价和立场可以体现在报道的过程中。解说要把握好分寸感,要含蓄,留下回旋的余地。为了扩大影响,不顾事实程度、一味夸大其词是不可取的。

解说写到什么程度最合适呢?那就是“盘马弯弓,引而不发”。意思到了,目标明确了,但就是不进行直白的结论和主观的评价。这样可以引导观众主动参与思考,自然而然地得出自己的结论。

解说应该为观众提供积极思考和补充想象的天地,不要什么话都从自己嘴里说出,总要有些含蓄的东西。含蓄是一种技巧,点到为止,言简意赅。含蓄也是一种艺术追求,“言有尽而意无穷”,以有限的语言去追求无限的意趣。含蓄更体现出对观众的尊重,是一种亲切和平等的交流。

解说是一种引导和推动,而不是生硬的灌输和替代;不要轻易下结论,尽量避免喋喋不休的训诫和直白的宣传,尤其是“充分说明”“充分体现”之类的字眼要慎用。比如,宾馆的服务员捡了钱包,还给了外宾;出租车司机把乘客落下的手机还给了失主,就说“这充分体现了社会主义的优越性”,那么对那些偷盗甚至抢劫顾客财物的现象,又“充分说明”了什么呢?所以,不夸大、不虚饰,让观众自己感受,从事实中得出自己的结论,这才是真正的本事。

《半个世纪的爱》谈到老将军孙毅的家中“一只硕大的地球仪摆在屋子的中央,一面世界地图挂满了整个墙壁。这恐怕不只是生活的摆设吧?”到此为止,恰到好处。解说绝不说什么“孙毅将军胸怀世界,放眼全球”之类的话,而是让观众自然而然地会从中得出这种感受。

《让历史告诉未来》中有一段解说:“被迫下野引退的蒋介石,此刻回到了奉化溪口老家,穷途末路,心境一片凄凉,临走时,乡中遗老问道:‘何时能回来?’

‘三年吧。’三年真能回来吗?”话题到此打住,分寸掌握得恰到好处。“三年真能回来吗?”表面似疑问句,其实是反问句,但作者不下结论,将回答的权力交给观众,观众自然会得出结论。

(三)解说表达情感的特点

电视解说不宜用大量强烈的字眼和夸张的辞藻去渲染情绪和情感,而应注意利用具体的故事、情节、细节作为情感表达的载体,使情绪或情感尽量具象化。而这种具象化的形象应该有较深的感情内涵,能使观众深切感受和体验到其中的情感。

比如欢迎志愿军将士从朝鲜战场归国时,国家领导人的心情非常激动,举办了一次盛大的国宴欢迎“最可爱的人”,全场的气氛非常热烈。特别是周恩来总理的心情更是百感交集,怎样表达周总理这种激动的心情呢?我们看解说如何处理的:“周恩来总理那一天喝了37杯茅台酒,他醉了,有人说,这是唯一的一次,他看到周总理喝醉了酒。”大家知道周总理酒量很大,在各种外交场合都以他那豪爽的酒量应对各种复杂局面,赢得了“周公海量”的美名。但是周恩来总理那一天喝了37杯茅台酒,而且是唯一一次喝醉了酒。什么叫激动?周总理能喝醉了酒,而且是唯一的一次,这还不足以说明周总理的激动吗?

在表现著名抗日将领杨靖宇壮烈牺牲的事迹时,解说写道:

> 1940年2月,抗联第一路军总指挥杨靖宇将军,率部与日军激战几个月后,仅剩下他一个人,弹尽粮绝,壮烈牺牲。日军将他的遗体运回解剖,杨靖宇将军的肠胃里竟然没有一粒粮食,全部是草根、树皮和棉絮。
>
> 在场的中国人流泪了,日本人震惊了,他们无法想象世界上竟会有如此坚强的人!是的,他们终于明白,中国的大好河山,不是他们随意征服的王道乐土!中华民族不是随意任人践踏的民族!

可歌可泣的动人事迹,在充满感情的解说中深深打动了电视机前的每一个观众。

在决定是否向朝鲜出兵援助的问题上，为了表达毛泽东面对复杂形势的深思熟虑、彭德怀将军临危受命的复杂心情，用“毛泽东闭门思考了三天三夜”“彭德怀当晚躺在沙发床上，怎么也睡不着，从沙发床挪到地板上，还是睡不着”这些具体的细节，生动体现了主人公的复杂心情。这种表达心境和情感的方式，比那些直接渲染情感的字眼要有力得多。

(四)简洁、凝练的表述技巧

语言表述要求简洁明快、不拖泥带水，这是所有写作艺术的共同要求。对于电视解说来讲，简洁更有特殊的意义。

电视解说是严格受到画面时间制约的表现手段。要在有限的画面时间内传达较多的信息，必须使语言具有高度的概括力；要根据画面提供的信息支点，选择最适合的切入角度、最有效的形象载体，一针见血地说明问题。这就要求撰稿者把对生活现象的理解凝聚在一个焦点上，迸射出思想的火花。它对简洁的要求比一般文学写作更为严格，不允许漫无边际地自由发挥和铺陈。

有些解说不善于用简洁明快的语言表达一个较为复杂的意思，往往是话说了一大堆还没有触及问题的实质。电视解说的简洁不仅要求它惜墨如金，更要求它根据画面的特点，寻找出最有效的形象载体，实现“一叶知秋”的形象表现力。电视解说没有充裕的时间让你枝枝蔓蔓地详细诉说，它需要通过形象的典型特征，调动观众的知识积累和经验积累，高度精练并凝聚在一点上，点到为止。

我们举例说明什么是电视解说要求的简洁。

1976年，是新中国历史上一个重要的年份，是历史性转折的关键年头，发生了许多重大的政治事件。如果让历史学家去讲述这样一个的时代背景，恐怕用几百个字也难以交代清楚。但是《让历史告诉未来》仅用了一句话就交代了时代背景：“1976年的天安门广场，三次降下了半旗。”解说选择了最具时代特征的形象、最有决定意义的事件，一针见血地概括了极其复杂的时代背景，说明了一切的变化、动荡、转折都是由这“三次降下半旗”引发而来的。尤其是解说与画面形象的有机配合，把概念和叙述融化在形象之中，“形象大于思想”，让形象

“说话”。其简洁、有效的准确概括，确实体现了电视解说的叙述特点。

在表现鸦片战争的时代背景时，《让历史告诉未来》选取了一个极具形象概括力的独特角度去反映历史，简洁而深刻地交代错综复杂的时代背景。

“罂粟，两年生草木，结果实，果中乳汁经人工提炼成鸦片。谁能想到，一种自然植物日后会被用来打倒一个民族。”一种小小的自然植物，居然打败了一个有五千年历史、几万万人口的泱泱大国。帝国主义的狼子野心、清政府的腐败、民族的耻辱和抗争都凝聚在这具体的形象描述里。什么是鸦片战争？小植物打败了大民族，这就是鸦片战争！至于具体详尽的史实，则不是解说的任务范围了。

解说词简洁的要旨在于准确的选择，抓住最具表现力的形象，一语中的，无须赘言。

我们看下面几段关于人物介绍的解说：

“（周恩来）他筹划南昌起义的行动细节是那样周密谨严，就像他后来担任共和国总理处理国家政务时一样。”

“然而，就在这个时候，一条小船，给中央苏区送来了一个特殊的人物，一个不会爬山、也不肯乘轿的外国人。他将给苏区和红军带来什么呢？”

“这位领导过农民运动、写诗填词、富有想象力的教书先生，终于使面临覆灭命运的红军开始有了转机。”

“正如丘吉尔喜欢在休息时打毛线，杜鲁门爱打桥牌一样，麦克阿瑟将军的爱好是浏览世界杰出领导人的传略。不过当他以仁川登陆的成功而名声显赫的时候，不幸竟忽略了研究彭德怀这样的中国军事对手的情况。他应当知道，彭德怀是酷爱下棋的，并且布棋如布兵，每盘必杀出输赢才罢手。”

解说准确而形象地抓住人物的特征，寥寥数笔、神情毕现；简洁而凝练，似白描，又似写意，使人物形象非常鲜明地凸显出来，给观众留下难忘的印象。

三、提高解说语言的艺术感染力

电视解说不像文字报道那样可以重读，可以反复玩味欣赏，它有稍纵即逝的特点。因此，在营造适当的语言环境、突出语言的听觉效果和表现魅力时，必须注意其伴随画面影像的即时性效果，尽量提高语言的感染力，使观众产生强烈的印象，被精彩的解说语言深深吸引和打动。出色的解说能够直接触摸到观众的心灵，拨动他们的心弦，调动他们的经验积累，开启想象与联想的闸门，提升他们的欣赏兴趣。

伴随画面的电视解说，尽量要把某种概念、某种意韵的表达诉诸充实、具体的形象，把解说提供的形象与画面形象叠加交融，把理念表述得生动活泼、亲切具体。像下面几段解说，就写得很有特色。

> "长江已暴跳了千万年，但是它也和《水浒传》里的鲁智深一样，具有粗中有细，刚里怀柔的性格。"（《话说长江》）
>
> "如果说苏州河是这城市的五线谱，那么桥便是这座城市的音符。水和桥结合在一起，就谱成苏州的交响曲。"（《话说运河》）
>
> "曾几何时，上海开始做起温顺而劳累的大儿子来了。苏锡常的腾飞，深圳、珠海的崛起，军功章里有我的一半也有你的一半，然而上海却无暇照顾自己，充实自己，完善自己。"（《浦东，上海的希望》）

这些解说词之所以具有新鲜感和吸引力，不在于用了多少奇特的字眼，而是在同画面形象相呼应的语言运用上创造性经营的结果。朴实的语言也可以生动，也会有色彩。

有的解说词片面追求文字的诗化和哲理化，只是堆砌华丽的辞藻，搬弄空洞概念，生造怪异词句，但却游离于画面主题之外，这只能说明作者没有充分把握电视解说的艺术特征，没有照顾广大观众的收视需求。

真正新鲜多样的语言选择，是与对事物的体察入微和准确捕捉、对画面深刻独到的体验及理解分不开的。比如《话说长江》中对洞庭湖的介绍就别具一格：

“长江流域有许多湖泊，打个比方吧，如果说长江是一条长长的藤，那么这众多的湖泊就是这长藤上一个又一个的瓜。由西往东数，这是第一个大瓜——洞庭湖。”

那么，怎样才能提高解说语言的艺术感染力呢？

(一)语言的生活化与口语化

解说语言是介于书面语与日常口语之间的一种语言表述形式，是经过加工的听觉语言。它摒除了口语中那些杂芜的成分，使之更准确、更精练，但又充分吸取了口语中那些生动、活泼、流畅的成分，使之同观众的交流更为自然。因此，解说语言要时刻注意自己是作用于观众听觉的语言，力求避免句型过长、过于雕饰、半文半白。

像下面这样的解说就不大适宜交流：

“凄厉之鸣，听起来像猫。”

“春和日暖，阳光明媚，百鱼浮水，雌雄情侣，双双喜配，水上戏游，岸上恩爱。”

“我则每每悱恻黯然。”

“动人的描述撩拨得人心荡神驰，向往久已。今春一个阳光明媚、海风和煦的日子，我们造访了它。”

这种文绉绉的书面语不仅华而不实，而且拉大了同广大观众的距离。特别是“悱恻黯然”“造访”这样典型的文言词汇，不宜在电视解说中使用。

电视解说句式要短，选用词汇要尽量通俗易懂。用词过于生涩、冷僻，书面语、学生腔的“掉书袋子”，只会增加交流的障碍。

电视解说词的主要目的是传达交流信息，语言在解说词中实事求是、恰如其分。语言越朴实，传达的信息便越准确，越容易让观众理解。如果使用我们在日常生活中都很少使用的生僻词汇，普通观众就会不知所云。像什么“亵玩”“沾濡”“邂逅”“佞妄”之类，再三解释也不大容易讲清楚准确意思的词汇，一定避免在解说词中出现。在有些节目当中，有时不得不使用一些陌生的概念或专业术语，特别是某些科技、金融、法律专业方面的术语找不到更通俗的词汇表达，也会影响观众的理解和接受。这就需要在表述这些专业术语的时候进行一些通俗化的处理，提供必要的参照物和可比量，尽量用大家熟悉的、形象的事物说明，要善于“打比方”，用观众熟悉的、朴素的生活语言进行表述。

世界各国的广播电视媒体，都对稿件的口语化程度有着严格的要求。英国广播公司要求记者把写好的稿件先念给打字的秘书听，边听边记，而不能直接拿给他看。让打字秘书作为第一个受众，来对稿件的口语化程度把关。凡是观众接受中可能产生困难和误解的地方，都必须对其进行修改。这种严格的要求，是对观众的尊重，也是实现传播效果的前提。

对解说语言生活化和口语化的要求，看似简单，其实很难。有些人文章写得很漂亮，可放在电视解说中就显得过于雕琢。文绉绉的一副学生腔或书卷气，不善于运用广大群众习惯接受的生活语言。像我们上面举的那些例子，就是不顾观众能否接受、只顾自我卖弄文字的典型。

有些人担心，会不会因为使用了大白话就削弱了语言的艺术表现力，显得自己语言水平太差。其实，真正生活化的语言是非常生动形象、极具表现力和魅力的。像下面一段解说，看起来未必是一篇好文章，但是听起来绝对是一段精彩的解说。

> 小的时候，我心里想的是当兵，做梦梦见的也是当兵。可折腾来折腾去，成了一名交通警。当时心想，这也行，头戴大盖帽，身穿马裤呢，武装带一系，岗台上一站，指挥棒一挥，整个儿的一个交响乐指挥。不过，可比那乐队指挥气派得多。
>
> 可站了两年，敢情不是那么回事儿。在这儿夏天是蒸包子，咱是有温度没风度。到了冬天，透心儿凉的小风跟小刀似的连刺带刮，咱是有风度没温度。

以上解说流畅、生动、自然，完全是老百姓自己的语言，生活气息扑面而来。尤其是那些来自群众的语言创造，其生动程度是坐在书斋里从书本上想象不出来的。像“有温度没风度”“有风度没温度”，巧妙地利用了“风度”的双关意思，真是妙不可言、风趣形象。

群众语言不仅为解说词创作提供了极其丰富的营养，更重要的是，可以使我们的解说语言体现出鲜明的时代特色。书面语的规范需要一定的时间过程，因此变化比较缓慢。而生活中的语言、群众使用的语言、社会流行的语言，变化速度非常快。随着生活节奏的加快、传播技术的提高和传播途径的便利，语言符号更新的速度越来越快，词汇的产量越来越高，每时每刻都有新的词汇诞生并流行。近二十年来，许多未来得及收入词典的词汇已经在群众中得到广泛使用。

像“倒爷、套牢、吃回扣、收红包、追星族、发烧友、酷毙了、帅呆了、零距离、超豪华……”，不一而足、举不胜举。这些词汇现在已经非常流行了。

这些词汇，或是由于新技术、新工具的使用而产生并流行，如互联网、通讯技术的发展；或是由于新的社会现象和生活方式的出现，如金融、股市和职业足球等；或是一些社会丑恶现象的泛滥，使得原先局限在隐秘角落的“黑话”由于书面语中的表述难以准确传神，就登堂入室公开流行起来。当然，还有一些外来语和方言，由于经济发展的流向，也迅速普及起来。

特别需要提及的是，随着计算机、互联网的普及，网上流行用一类独特的网络语言进行交流，尤其在青少年网民中十分流行，而且迅速传播开来，侵入社会语言的各个领域。这些词汇也不可避免地侵入电视语言中。我们全盘接受自然不可取，但一味拒斥恐怕也并非良策。语言发展的过程是随着社会发展不断吐故纳新的过程，旧的词汇会不断消失，新的词汇也会不断涌现。某种语言现象能否被媒介尤其是电视接受使用，取决于它的普及程度、约定俗成较为准确的内涵和外延、与规范语言系统的融合程度和接纳可能、这种语言自身的发展前景及这种表达方式的不可替代性等。媒体对语言进行选择时，宽容与严谨都是不可或缺的。

新词汇的诞生及流行，有极其复杂的社会背景和极其偶然的传播机遇，它们往往体现出比较鲜明的时代特色。作品的时代感，主要体现在解说词中，而生活化的语言往往凸显强烈的时代色彩。

电视解说的表述必须与时俱进，紧跟时代步伐。不断向群众、向社会学习语言，是提高语言表现力和时代感的重要途径。比如过去广东、港台的语言词汇、表述方式很难影响北方的语言，但是随着社会经济的发展、互相交流的增加，这些地方的词汇、表述方式甚至语调，通过商业途径或流行歌曲、流行时尚逐渐向北方语言渗入，特别是影响着年轻一代的表述方式。如果一味墨守成规，就会失去时代，也就失去了观众，终究会被滚滚而来的时代潮流所淘汰。

当然，电视解说对群众语言也不能全盘照搬。某些群众中流传的口语，在尚未经过加工整理时不免包含一些粗糙的、不明确的、不健康的、局限性的成分。我们必须认真加以鉴别、分析、提炼，选取那些真正有生命力、有创造性、有独特表现力的成分。电视作为一种新闻媒介，不仅不能落后于时代，还应该走在时代前列，引领观众和社会潮流。因此，解说词的作者，应当时时留心，注意搜集，汲取和借鉴群众语言，只有这样才能保持语言的清新充实。恰如其分地引用一些民俗、民谚、歇后语、民间段子、民间流行语，可以使我们的电视解说更加接近观众，更具有语言表现力。

随着电视纪实节目、说讲新闻、谈话节目的风行，越来越多的电视解说正在摆脱过去那种书面化的倾向，不断向生活靠拢，向群众贴近。需要提醒大家注意的是，解说语言的生活化追求，不是盲目地追求随意、粗俗甚至低级、淫邪、灰暗，故意哗众取宠，以致失去语言表述应有的美感。这也是我们应该警惕的一种倾向。

（二）“兴趣就是记忆”

电视解说要吸引观众，必须接近观众，使观众留下印象、加深记忆，使他们产生兴趣。比如“下海”一词现在是经商的同义词，但当沿海渔民用以介绍自己的工作时，反而显得非常风趣幽默。

某些解说忙于宣传观点、教育观众，总是板着面孔说话。观众听起来累得要死，时间一长，既紧张又疲乏，只好转换频道躲避受训了。电视解说是同观众之间面对面的交流，不善于使用轻松活泼、机智幽默的语言解说，势必增加交流的障碍，达不到预期的传播效果。

我们在创作观念上有一些误区必须纠正：有些人误以为深刻的道理、重要的问题不宜用轻松活泼的语言表述，似乎那样显得过于儿戏，会影响传播的权威性和重要性。其实，深刻与重要与否，不在于是否使用了深沉、强烈、庄严的字眼，使用的字眼再大，也无法把浅薄的道理说深刻了，关键在于道理是否站得住脚、问题是不是真的重要。道理能否说服观众，能否被观众欣然接受，那就要看解说的表述方式了。

如果能把深刻的道理用机智幽默的语言表述出来，把蕴含的深层价值观用轻松的方式揭示出来，避免说教引起观众的逆反心理，使观众在轻松愉快的心态下通过语言的独特魅力、通过趣味的接近和调动接受知识和道理，往往就能取得事半功倍的效果。

解说语言的机智幽默不仅是一种表述技巧，更是一种对观众的尊重，是一种洞察世事的练达。它避免了浅薄的狂妄和说教的生硬，避免了直接评述或结论造成分寸失当的尴尬。语言的幽默是智慧的表现，语言的机智是对语言环境的准确把握。幽默不是讲笑话、逗闷子，不是无聊的插科打诨，是在电视特定的语境中对语言的巧妙运用。

像下面一段解说，就是根据画面形象对语言的机智错位：

(画面：三个女青年，穿一身运动衣，头戴射击帽，脚穿运动鞋。)

“有人基本上是从头武装到脚。”

(画面：一位中年妇女，只穿了运动服，既没戴射击帽，也没穿运动鞋。)

“也有人喜欢‘上不封顶，下不保底。’”

这里，解说巧妙地把我们发放奖金时使用的术语借用过来，令观众不禁发出会心的微笑。这种语言的错位，或大话小说，或小话大说；或正话反说，或反话正说；或将此领域的话语用在其他领域中。比如在《火车拖来的城市——怀化》一片中，有这样一段解说：

“过去这里的街道横起扁担都过不去，弹棉花是轻工业，打铁是重工业……”

把“弹棉花”“打铁”这样的小手工业同“轻工业”“重工业”这样正式的字眼联系起来，领域的错位、适度的夸张，把怀化昔日的落后状况反映得十分形象。这样的语言大大提高了观众的收视兴趣。

解说语言的风趣幽默，往往体现在同画面形象的准确配合、同画面信息的交流碰撞中。比如下面的两段解说：

“熊猫将永远带着深色眼镜向人们招手，向人们致敬。”

“(黑颈鹤)它们身穿素服，头戴一顶红色小帽，长长的颈部有一个醒目的黑色脖套，世世代代，祖祖辈辈总是这么个打扮，永远保持着修士的风度。”

在画面中用扁担、锄头赶不走黑颈鹤，一端起枪来，就迅速飞开了。解说写道：

“它们瞧不起扁担、锄头，然而很懂得火枪的厉害。”

机智幽默的解说，需要因地制宜、因时制宜地营造和创新。同一般文章对语言幽默的要求不同，电视解说需要巧妙地借势、借力，充分利用电视多种手段的优势，通过画面、音乐、音响、字幕、采访、现场声、录音、特技等手段，营造出丰富多彩、别具一格的幽默效果。有不少综艺或娱乐节目，对于现场嘉宾、观众或主持人的某些形象，通过字幕进行机智的调侃，可以形成独特的幽默效果，这就是比较成功的例子。

(三)要有“点睛之笔”

电视解说的写作，要受到其他电视手段的制约和影响，还要受到报道对象、赞助单位、接受对象、社会环境的影响。特别是作为新闻宣传媒介，更要受到宣传方针、政治大局、主流意识形态的制约。想完全做到直抒胸臆，不大现实。我们希望尽量不写套话、不写一句应景的话，在实际操作中也一般不大可能。在现实政治环境和文化环境下，一般性的表述还占主要成分。但是，要提高电视解说的艺术感染力，在一部作品中，总要精心构思创作那么几句十分精彩的解说语言作为全篇的“点睛之笔”，以提升作品的水平和格调。“山不在高，有仙则名；水不在深，有龙则灵”，几句生动传神的解说，往往给观众以新鲜的感受，令他们受到智慧的启迪和生活的感悟，从而留下深刻的印象。

像下面一些解说词，就是创作者们巧妙经营的佳句：

“张国焘被外国记者称为‘长征中吃得最胖的人’。”

“《小主人报》的编辑记者们，十四岁就要‘退休’了。”

“我觉得配角的角色就像人体的那双脚一样，虽然不惹人注意，但是，既重要，又难当。”

“他有钱，比有钱的人还有钱。有人说哈默是亿万富翁，哈默很不高兴，说言过其实，但是哈默从二十四岁起就再也没有数过自己有多少钱了。”

“王震旅长拍这张照片的时候，特地在脚前放了盆花，为的是遮住鞋上的破洞。”

“虽然现在照相机越造越精良，但拍起照来，谁都要比比划划，折腾一番，好显示出使用傻瓜机的是个聪明人。”

由于电视传播的巨大影响，一些精彩的解说词甚至会成为社会广泛传播的话语。“文似看山不喜平”，一部片子的解说词，不能全都是淡而无味的白开水，总要想方设法创造几句妙语佳言，给观众耳目一新之感，以提高观众的收视兴趣，达到更理想的传播效果。

(四)解说的开头

对于电视屏幕前的观众来说，电视节目开头和结尾的解说词是否精彩，直接影响着他们的收视心理。因为电视欣赏同一般的文字阅读有所不同，文字阅读有固定的阅读对象，读者的选择是在阅读之前，在阅读的过程中读者一般别无选择。而电视节目的选择是在欣赏的过程中不断进行筛选。在众多频道和众多节目的竞争中，只有引起观众注意的视听信号，才能吸引观众关注的目光，让他们有兴趣继续欣赏下去。能否引起观众的注意，开头的几句解说词显然承担着更加重要的任务。

开头的解说词主要承担以下的任务：

(1)选择整个节目的切入角度。

(2)确定整个节目的基调和解说的基本风格。节目的风格、基调很大程度上是通过解说词体现出来的，甚至节目的时代感都同解说使用的语言有关。最初的解说往往起到了“定调子”的作用，调子一旦确定，后面的解说就要按照这样一个基本的风格延续下去。

(3)先声夺人、出手不凡，给观众以新鲜的感受或强烈的冲击，展现出解说的水平与语言技巧。

我们看下面几段作品的开头：

> “俗话说，外行看热闹，内行看门道。有人说他是木匠，有人说他是石匠。然而，他不做家具，也不砌墙。是啊，他从少年时代开始就同木头、石头打交道了。”(《雕塑家刘焕章》)
>
> “俗话说，‘木匠家的椅子是跷的，箍桶匠家的水桶是漏的’，画人物画的吴山明，没有一幅自画像，自然不是什么新鲜事。”(《画人物画的吴山明》)
>
> “世界上的人有那么多，坏人不骂好人，那就奇怪了。但是好人有时也要骂更好的人，这又怎么说呢？是误会？是无知？还是别的什么呢?”(《他的业余时间》)
>
> “对于地球上的居民来说，1983年的夏天似乎是太长了……”(《地球怎么了!》)

这些开头的解说，并没有故作高深的文字，也没有虚张声势的噱头，但却在亲切自然的娓娓诉说之中吸引了观众的注意，在看似不经意的叙述当中，把整部作品的主旨和对象开宗明义地介绍出来。

和一般文章写作不同的是，在电视节目中，解说不一定是最早出现的信息。一部电视作品中最先出现的可能是画面，可能是音乐，可能是字幕，也可能是现场声或采访。解说要根据其他电视手段提供或营造的氛围，巧妙自然地引入话题，尽量做到浑然天成。

在《北京运动服装一瞥》中，开头的画面是古希腊雕塑《掷铁饼者》和一组古希腊奥林匹克运动会浮雕。解说是这样的：

“这是古希腊雕塑《掷铁饼者》。在艺术上，它是不朽的；在服装上，它是真实的。它告诉我们，那时候参加奥运会比赛是不穿衣服的。古希腊人崇尚人体的自然美，运动员们全身涂满了橄榄油，身体在阳光下发出古铜色的光彩。”

该解说通过运动浮雕自然引入运动服装的话题。

在《黑土地》一片，开头的画面是红日映衬下黑土地上的色彩烂漫的花草与树木。我们看解说：

“从小，我就听到一个关于黑土地的故事：把筷子插在地上，能长出嫩绿嫩绿的幼芽；埋下一粒相思的种子，能长出一片片参天的大树，长出多姿多彩的五色的花，长出漫山遍野醉了的红高粱……”

《西藏的诱惑》最早出现的信息是片头题记，接着是歌曲《朝圣的路》，歌声中一位老喇嘛与两位小喇嘛在风沙中行进。画面是云海、佛塔、布达拉宫、雅鲁藏布江……解说配合这种特定的意境：

“我向你走来，捧着一颗真心，走向西藏的高天大地，走向苍凉与奔放。

我向你走来，捧着一路风尘，走向西藏的山魂水魂，走向神秘与辉煌。

令人神往的西藏啊，多少人向你走来——因为‘西藏的诱惑’，因为那条绵延的雪域之路……”

解说同画面构成了统一的意境，为作品的风格定下了基调。

许多解说的开头采用了设问的方式，设计悬念，引人入胜。

《庐山，你在哪里？》的开头：“他们看见了什么？又是什么吸引住了他们？为了望得见，看得清，记得住，他们用上了‘十八般兵器’。眼镜、望远镜、照相机。不过，人们往往会‘知其然，不知其所以然’。不信，我们随他的镜头去问一问——”

《中国冠军录——容国团》的开头：“在中华民族的体育史上，是谁第一个打开通向世界冠军的大门？是谁第一个举起了世界冠军的金杯？是谁第一个抹掉了人们心中东亚病夫的耻辱呢？”

解说的开头是全篇的基础，基础打好了，观众进入了状态，后面的展开也就顺利了。开头没有什么一定之规和固定套路，而是需要根据具体作品的情况灵活处理。但是，新颖、独特、自然、接近观众、具有冲击力和吸引力，应当是对解说开头的共同要求。

（五）解说的结尾

解说的结尾承担着节目是否能圆满收场的任务。如何通过最后的解说留下难忘的印象，如何避免片面、消除硬伤、少留缺憾、修补瑕疵，都是解说结尾应该做到的。结尾的解说主要有以下作用：

(1)卒章显志，点明主题，升华作品主题，使观众获得感悟。点题，一定要准确、恰如其分。不明确说出，会使观众感到意犹未尽，不解气，不过瘾；说得过头，又可能越俎代庖，给人以说教和画蛇添足的感觉。

(2)引人思考，发人深省，给观众留下回味。所谓“余音袅袅，绕梁三日，不绝于耳”式的结尾解说，把观众的思考和情感引向更为广阔的领域和空间，使他们浮想联翩、久久难忘。

(3)说出观众能够感觉到但表达不好、想说却说不清楚、朦朦胧胧又把握不定的意思。解说给观众提出一种准确、明了、精彩的说法，让他们感到一种厘清思路的快感。

(4)对于多集系列节目或连续报道，最后的结尾经常要起到承上启下的作用，为以后的叙述设定悬念。

在《雕塑家刘焕章》的结尾，解说通过一段意味深长的语言，把主人公那种淡泊功名、默默耕耘的精神境界表现得意境高远，令人深思。

“假如你要寻找刘焕章的家，那是太容易了。你不必记门牌号码，而只要记住胡同就行了。因为在他家的窗户外面，长年累月垒着那么多怪里怪气的大树桩。

那么刘焕章在不在家呢？

你听——

（深沉的劈木、凿石声一直延续……）"

《让历史告诉未来》是一部以不同革命历史阶段结构的系列专题片，每一集的结尾，解说都为后面的内容进行铺垫。

（从反围剿到长征）

"然而就在这个时候，一条小船，给中央苏区送来了一个特殊的人物，一个不会爬山、也不肯乘轿的外国人。

他将给苏区和红军带来什么呢？"

（从长征到抗战）

"红军战士怎么也想不到，由此（西安事变）引发的一系列变故，将导致他们摘下戴了十年的红军帽。

中华民族，危亡在即！"

（从撤离延安到解放全中国）

"还是在撤离延安前一天的傍晚，在王家坪的窑洞里，毛主席接见部分旅团干部时说：'延安永远是我们的，少则一年，多则两年，我们还是要回来的。''我们下一次在哪里见面呢？可能不在延安了。也许是南京、上海，或许是北平吧！'"

（从十七年到文革）

"但是正在这时，一场谁也料想不到的大动乱已经悄悄地拉开了帷幕。"

而《中国冠军录——容国团》的结尾则是明确的点题：

"在这历史的回声中，仿佛还在回响着容国团的呼喊，'人生能有几回搏'。"没有这样的点题，观众会觉得积蓄的情感难以得到充分的抒发。

而在《庐山——不识庐山真面目》的结尾，解说这样点题：

> “他们仍然‘不识庐山真面目’。其实，庐山美就美在看不清它的真面目。人们总是特别钟情于云中看山，雾里看花，月下饮酒，酒醉吟诗这些朦朦胧胧、迷迷幻幻的意境。庐山留给人们的，正是让人品尝不尽的朦胧美。”

解说点明了庐山的魅力所在，令人耳目一新，颇受启发。

结尾的解说可以是一种呼唤，也可以是一种激情的宣泄，点燃人们心中某种美好的情感。《长征——生命的歌·大别山之魂》结尾讲到红二十五军政委吴焕先壮烈牺牲的情景：

> “吴焕先走了，什么也没有留下。他没有亲人，他所有的亲人都死在那难忘的岁月，他更没有私产，因为连他自己都属于人民。但是，他留下了自己的名字，留下了一条用鲜血浸透的道路和一座永存千古的大别山！”

以上解说一咏三叹，具有强烈的震撼力和感染力。

解说的开头与结尾，是彻响的爆竹，是不尽的余韵，是最能打动观众的音符，对整个节目的影响至关重要，应该给予特别的重视。

思考题

1. 电视解说为什么强调听觉效果？举例说明，良好的听觉效果是怎样实现的？

2. 电视解说有哪些特殊的修辞方式？可以达到怎样的艺术效果？

3. 怎样提高电视解说的艺术感染力？你认为，其中哪些问题是需要注意的？为什么？

图书在版编目(CIP)数据

电视写作/徐舫州，李智著. —北京：中国传媒大学出版社，2017.2(2019.5重印)

广播电视编导专业(电视编辑方向)“十二五”规划教材

ISBN 978-7-5657-1840-3

Ⅰ. ①电…　Ⅱ. ①徐…　②李…　Ⅲ. ①电视节目—写作　Ⅳ. ①G222.1

中国版本图书馆 CIP 数据核字（2016）第 232715 号

广播电视编导专业(电视编辑方向)“十二五”规划教材

电视写作

DIANSHI XIEZUO

著　　　者	徐舫州　李　智
责任编辑	蒋　倩
装帧设计指导	吴学夫　杨　蕾　郭开鹤　吴　颖
设计总监	杨　蕾
装帧设计	刘　鑫　杨瑜静
责任印制	刘　莎

出版发行	中国传媒大学出版社
社　　址	北京市朝阳区定福庄东街 1 号　邮编:100024
电　　话	86—10—65450528　65450532　传真:65779405
网　　址	http://www.cucp.com.cn
经　　销	全国新华书店

印　　刷	艺堂印刷(天津)有限公司
开　　本	787mm×1092mm　1/16
印　　张	12
字　　数	177 千字
版　　次	2017 年 2 月第 1 版
印　　次	2019 年 5 月第 2 次印刷

书　　号　ISBN 978-7-5657-1840-3/G・1840　　定　　价　39.00 元

传媒人书店
（For IOS）

传媒人书店
（For Android）

微博关注我们

微信关注我们

访问我们的主页

本书更多相关资源可从中国传媒大学出版社网站下载
网址：http://www.cucp.com.cn
责任编辑：蒋　倩　　　　　　意见反馈及投稿邮箱：jiangqiancucp@163.com
联系电话：010-65779406